U0948543

女孩的第一本实用礼仪书

卢帼芹◎编著

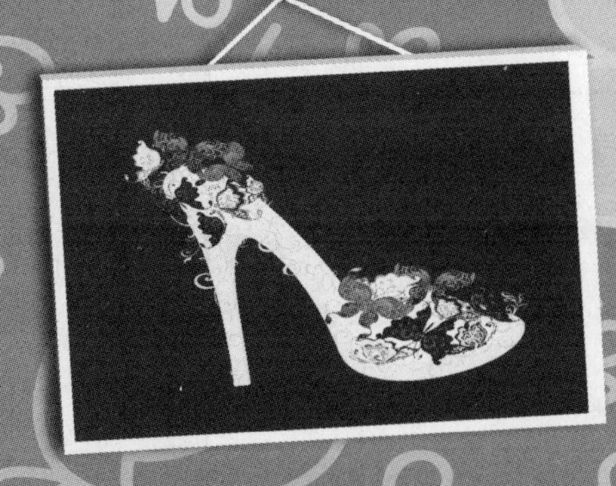

中国纺织出版社

内 容 提 要

女孩与礼仪有着千丝万缕的联系，一个懂礼仪的女孩会让人投来欣赏、赞美、钦佩的目光。女孩身穿礼仪这套隐形的华服，在不着痕迹之处展现自己的素质，流露出内在的修养。本书是一本轻松实用的现代礼仪指南，为女孩们介绍了在不同场合、与不同对象接触时所要遵循的礼仪规范，分析了女孩在日常礼仪中必须注意的上千个细节。

本书介绍全面、结构清晰、讲解深入、内容翔实，涵盖个人礼仪、服饰礼仪、语言礼仪、社交礼仪、职场礼仪、商务礼仪、生活礼仪、饮食礼仪、家庭礼仪等各个方面，是女孩学习如何成为魅力女性的最佳读本，让你在了解、掌握并合理运用各种礼仪的基础上，拥有大方、得体、优雅的举止，成为光彩耀人、人见人爱的魅力女孩。

图书在版编目(CIP)数据

女孩的第一本实用礼仪书/卢帼芹编著. —北京：中国纺织出版社，2015.3（2024.1重印）

ISBN 978-7-5180-1265-7

Ⅰ. ①女… Ⅱ. ①卢… Ⅲ. ①女性—礼仪—通俗读物 Ⅳ. ①K891.26-49

中国版本图书馆 CIP 数据核字(2014)第 281883 号

责任编辑：闫　星　　　　责任印制：储志伟

中国纺织出版社出版发行
地址：北京市朝阳区百子湾东里 A407 号楼　邮政编码：100124
销售电话：010—67004422　传真：010—87155801
http://www.c-textilep.com
E-mail:faxing@c-textilep.com
中国纺织出版社天猫旗舰店
官方微博 http://weibo.com/2119887771
北京兰星球彩色印刷有限公司　各地新华书店经销
2015 年3 月第 1 版　2024 年 1 月第 10 次印刷
开本：710×1000　1/16　印张：15.5
字数：171 千字　定价：48.00元

凡购本书，如有缺页、倒页、脱页，由本社图书营销中心调换

前言

中国是礼仪之邦，先贤孔子就说过："不学礼，无以立。"而现代社会，礼仪更成为人际交往的一种方式，甚至是一种行为规范。

对于二十来岁的女孩来说，你正处于人生的岔路口，你进入社会和职场的第一步就是要学习如何与人交往，就是要让自己变成一个懂礼之人。不难想象，当你跨入职场的那一刻起，你就要和同事、领导相处，你需要明白进退有度、谦逊谨慎的道理；当你和朋友、闺蜜聚在一起时，你要注重亲和得体、严于律己；社交场合，你也需做到落落大方、谈吐优雅，即便与自己亲密的爱人或父母，也要谦恭有礼，事实上，在你的生活中，处处都涉及礼仪，你的每一句话，每个动作都在礼仪规范之下。

对于二十来岁的女孩来说，学习礼仪是你学习其他知识的基础。不懂礼仪，会让你处处"献丑"，甚至一个失礼的细节都可能毁掉你的大好前程，让你追悔莫及；反之，生活在现代社会，拥有良好的礼仪，无疑会为你增加诸多砝码。

每个女孩，要学习礼仪，就要从细节着手。而本书，正是针对初入社会的女孩们这一群体，总结了你可能在生活中遇到的一些礼仪细节，内容涉及日常社交、仪容与服饰、职场商务、舞会宴会等方面，对每个场合应注意的礼仪细节以及具体应用要领都做了详细的说明，以帮助广大的年轻女性掌握这些礼仪细节，提高礼仪修养，调节人际关系，赢得人脉和机遇，取得人生的成功。

礼仪是二十几岁女孩立足社会、获取成功的第一资本。深谙社交礼仪的女人不仅会赢得人脉、还会让人生之路变得更为畅达。每个女孩都应把此书当成学习的智慧宝典,并将其在你的生活中应用起来,这样你就会成为一个拥有良好礼仪、充满无穷魅力的女孩。

编著者

2014 年 6 月

目录

第1章

举止礼仪，女孩举手投足尽显雅致风范

中国素来是礼仪之邦。作为一个二十来岁的女孩，一切从“礼”，注重自己举手投足的姿态，不但能显示女性的涵养，还能戒掉那些不雅的小动作和习惯，只有在日常生活中的各种场合，注意使用规范的、得体的、稳重的行事规范，才能逐渐改正大大咧咧的不良作风，从而尽显女人的优雅形象。

女孩要随时随地注意自己的举止礼仪

当今社会，形象礼仪越来越受到人们的重视。那些仪态大方、举手投足之间尽显涵养的女孩似乎更易获得他人的赞赏。然而，我们发现，在我们生活的周围，有不少年轻女孩，她们能言善辩，工作、生活中巧舌如簧，却偶尔做出一些不雅的“小动作”，令其形象大打折扣。因此，生活中的女孩们，都应注意自己的形象礼仪，要想表现自己的修养，让他人觉得你是个有修养的人，就要随时保持端庄。

蔡小雅是一家大型化妆品公司的业务主管，这次，她很有幸代替公司高层去与某大客户签约。

这天，蔡小雅出门前，还是和平时一样化了一个精细的妆，好好打扮了一下，来到签约地点，客户还没到，平时大大咧咧的她就拿出自己的化妆包，取出指甲剪，跷起了二郎腿，剪起了自己的指甲，并戴上耳机，听着自己很喜欢的摇滚音乐，不知不觉，客户来了，她居然没看见，客户一看见惬意无比的蔡小雅，当时就气愤地离开了，并给蔡小雅的公司打电话：“我真不知道你们公司怎么会让这种没有教养的小丫头当主管，我可不敢与你们合作！”

事后，蔡小雅悔不当初，但已于事无补。

故事中的蔡小雅之所以会失去签约的机会，让公司产生损失，是因为她在签约地点不合时宜的表现：跷个二郎腿、剪指甲、听歌等。表面上看，这些对年轻人来说，并不为过，但从对方角度考虑，这样的表现未免显得有失礼仪。相反，如果她在客户到达签约地点前能端坐于谈判桌前，表现得温文尔雅、含蓄恬静、自然庄重的话，估计就不会出现这种情况。

一个二十几岁的女孩，青春靓丽的容颜固然是一道美丽的风景，但真正给人带来审美愉悦感的是她的修养，一个修养好的女孩无论是举手还是投足，都会从礼仪出发，让人赏心悦目。

那么，生活中二十岁左右的女孩们，该如何通过礼仪展现自己的涵养呢？

1. 展现你优雅的仪态

相对于言谈礼仪而言，优雅的仪态是一种无声的语言，它能体现出一个女孩的性格、修养和生活习惯。你的一举一动直接影响着他人对你的评价。因此，有人称其为“动态的外表”。你应常常恰到好处地微笑，让人感到平易近人、和蔼可亲。而不能板着面孔对人不理不睬，要显得温文尔雅、含蓄恬静，既楚楚动人又自然庄重。

另外，优雅的仪态还包括：

坐姿：入座轻柔和缓，起座端庄稳重，不猛起猛坐，坐后不要东张西望，与客户交谈时不要把双臂交叉放于胸前且身体后仰，因为这样会传递给对方一种漫不经心的感觉，不可跷二郎腿。

站姿：挺胸、收腹，身体保持平衡，双臂自然下垂。

走姿：走路时要抬头挺胸，步履轻盈，目光前视，步幅适中。

2. 语言文明，讲究礼貌

与人说话，你需要做到：

①不可讲脏话，对方和你说话的时候，不要随便打断对方，不追问自己不必知道，或者别人不愿意说的事情。否则，对方就会认为你太没修养、没素质，而不愿意跟你交往。

②不要在人前“打扫个人卫生”，像剔牙齿、掏鼻孔、挖耳、修指甲、搓泥垢等这些行为都应该避开他人。否则，不仅不雅观，也不尊重他人。这种行为严重地破坏你的外在形象。

③常说一些礼貌用语，判断一个人的修养如何，最简单的方式是看他是

否有文明的举止。因此，要给你的准客户留下一个好的印象，比如懂得使用一些礼貌用语，如日常使用的“请”、“谢谢”、“对不起”，第二人称中的“您”字等；初次见面为“久仰”；很久不见为“久违”；请人批评为“指教”；麻烦别人称“打扰”；求给方便为“借光”；托人办事为“拜托”等。

3. 握手时

参加聚会时应先与主人握手，再与房间里其他人握手。如不要随便主动伸手与长者、尊者、领导握手，应等他们先伸手时才能握。对方可能未注意自己已伸手欲与之相握，因而未伸手，此时应微笑地收回自己的手，无须太在意。

4. 行为上

真诚谦恭待人，对上级的谦恭是礼貌，对平级的谦恭是人品，对下级的谦恭是高尚；用语文明，不说粗话、脏话、刻薄话、风凉话，对话声音以能听清为度，以免影响他人；不乱扔纸屑、烟头、果皮、吐痰入盂，无盂用纸巾或进洗手间吐。

虽然行为仪态看起来似乎只是琐碎小事，但正是这些小事反映出了一个人的文化修养和素质。所以，任何一个二十来岁的女孩，你要想成为一个受欢迎的人，请你一定要随时随地都注意你的一举一动，以展现自己优雅的形象和端庄的气质！

女孩，别让坏习惯影响你的整体形象

俗话说：“坐有坐相，站有站相。”任何一个端庄的女孩，无论在什么场合，都会注重自己的仪态，都会将手脚放到位。事实上，手脚的摆放是礼仪

学习方法中最为重要的内容，毕竟我们每个人的肢体动作大部分都是由手脚构成的。

生活中，一些大大咧咧的女孩在与人打交道的时候总是小动作不断、坐立不安，这样便显得有失礼仪，也很难给人一种优雅感。

因此，每个二十来岁的女孩，都要时刻做到优雅、端庄，展现自己的淑女风范，比如，如果你要参加饭局，那么，就座时，身体要端正，手肘不要放在桌面上，不可跷足，与餐桌的距离以便于使用餐具为佳。餐台上已摆好的餐具不要随意摆弄。将餐巾对折轻轻放在膝上。相反，如果你好动，好抖，那么，一定不要把这些不好的行为习惯带到餐桌上，否则很可能你会洋相尽出，甚至坏了大事。

我们不妨先来看下面的故事：

小李今年25岁，是个长相甜美的姑娘，最近，跳槽后的她很快接到了新单位的面试通知。但事有不巧，这天早上她的手机突然罢工，定的闹钟没有响，起来的时候已经是九点二十了，于是急急忙忙地洗漱、整理面试资料，到了面试的公司已经是十点半了。她刚坐下，气还没喘匀，人力资源经理就走了进来。还没谈两句，该公司副总又走了进来，想看看面试情况。

小李的紧张一下子就到了顶点。介绍自己的工作经验时不时地摸自己的鼻子，尽管自己没有感冒，也不觉得鼻子有多痒。她明显感到那个副总脸上的表情是晴转多云，可自己一点儿办法也没有，本来昨天做了一些面试准备功课，可早晨一慌乱，全忘了，现在的她脑子里一片空白。不久，头上就冒汗了，自己顺手擦了一下。

副总和人力资源经理耳语了两句，对小李说："你们先聊，我出去了。"小李有些僵硬地笑着起身打招呼。剩下的面试简直就是在走过场，对方问了她几个无关痛痒的问题，就匆匆结束了面试，还很客气地说让她等通知。小李自己心里明白这不过是客套话，连她自己都已经不抱任何希望了。

小李面试的失败，其实就是败在了她摸鼻子这个小动作，一个人在说话

的时候摸鼻子，给人的第一印象就是不自信。你可别小看这种微不足道的小动作，说不定就会因为它造成的负面印象让你在面试途中“折翼”。

事实上，在面试中，一个女孩，千万要记住避免以下几个小动作：

记得别交叉手臂，也不要跷起二郎腿；双脚略为平行，正对主考官而坐。双手轻松垂下或置于膝上，眼睛平视，不要乱瞄或东张西望。坐时微向前倾可以给人积极的印象，但别太靠近免得造成压迫感，如果注意到主考官不自觉后退，试着放松你的姿势，稍微向后靠。

可能有不少女孩会问，那么，我们该如何将手脚放到位呢？

1. 不要用手当众整理发型

如果是在宴会场合，那么，整理发型，应于餐前或餐后在化妆间、休息厅或洗手间内进行。让这一过程当众曝光，会让人觉得浅薄，而且还妨碍他人。另外，摆弄你的发型，他人是不便用餐的。当自己整理发型时，倘若发屑飞扬、发丝乱舞，则会令人极度反感。

2. 坐稳后就不可小动作频出

有些女孩出席公共场合，刚开始还注重自己的形象，但随着和周围人的熟识，便开始小动作频出，比如吃到开心时，往往喜欢脱去外衣、拽下领带、放松腰带、撸起袖子、敞开领口、挽起裤管、脱下皮鞋，以便减少束缚、通风透气。这种“土匪下山”的系列做法都有损于自我形象，其中的个别做法还会失敬于人。

总之，每个女孩，如果想成为一名淑女，就要从以上两个方面努力，这样便可有效避免因手脚上的小动作带来的许多麻烦！

女孩的优雅，来自于娴淑的坐姿

我们都知道，在生活中，一个人坐着的时候总比站着的时候多。坐态在人类生活里占了重要的分量。对于女性而言，她的坐姿是影响其形体美的一大要素。优雅的坐姿不仅展现一种形体美，更能展现一种优雅的气质。反之，坐姿不雅，则会给别人留下不好的印象，事实上，在我们周围，不少女性都没有掌握正确的坐姿要领，也犯了不少坐姿错误。我们先来看下面的故事：

我已经25岁了，说实话，我并不觉得我自己年纪大，但是周围不少跟我差不多大的女孩都结婚了，于是，我也准备加入相亲的大潮中，我并不排斥这种结交异性的方式，也许真的能认识一个和自己很合适的人呢。在我相亲经历中，有一个男士给我的印象很深刻，因为我们之间闹了一点误会。

那天，天下着雨，我比预约时间早到了20分钟，于是，我就选了咖啡厅靠窗的位置坐了下来，我在想，既然都下雨了，那人应该不会来了吧。但事实上，他居然踩着点来了，并且，很有礼貌地跟我打了招呼。他给我的第一印象非常不错，这样一个彬彬有礼的男士相信谁也不会讨厌。

但是在整个谈话的过程中，我不知道发生了什么，他好像不怎么说话，我开始主动地找话题，但是他却依然表现得很冷漠，我也不笨，知道对方没看上我，也就不再说什么了。

后来，和那个中间人联系的时候，我才了解到事情的真相。相亲结束后，那位男士告诉她，我那天坐在咖啡厅的座椅上是跷着二郎腿的，而且还不停地抖动自己的脚尖，而这是挑逗的姿势，知道事情的原委后，我羞愧难

当，都是自己平时不注意坐姿惹的祸。

想必在我们的生活中，和故事中的女主人公一样，不少女孩也因为礼仪知识的缺乏而闹出笑话或者尴尬的事。

那么，可能不少年轻女孩会问，正确的坐姿应该是怎样的呢？

1. 正确的坐姿

如果是一般平时坐在椅子上，可以这样做：身体轻轻贴靠于椅背，背部自然伸直；腹自然收紧，两脚并拢两膝相靠，大腿和臀部用力产生紧张感。

在与人交谈的时候，如果你坐得很浅，那么，会给人一种拘束的感觉。另外，这需要你用脚来平衡自己的身体，坐久了就会感到腰酸背痛，下巴突出，体态也不美。不妨一开始你就坐得深一些，然后背部保持直立，膝盖并拢，这会使你显得优雅而又从容。

女孩子坐下时应膝盖并拢，体现其庄重矜持，落座声轻，动作协调，先退半步（穿裙子时双手从上而下理直裙子）后坐下，要坐在椅面的一半或2/3处，两腿垂直地面或稍倾斜或稍内收，脚尖相并或前后差半脚。腰挺直，两手自然弯曲，扶膝部或交叉放于大腿前半部，切忌开叉两腿、跷二郎腿、摇腿，弓背弯腰。

很多女孩坐下来的时候喜欢将脚架起来。在社交场合，这一般被认为是不很礼貌的坐法。如果这已经成为你的习惯，那么，你需要注意架腿方式；收拢裙口，遮掩到直至膝盖以下部分；支撑的脚不要倾斜，双腿内侧靠近，大腿外侧收紧；双手自然搭在腿上。这样可能还算是美观，能产生自然的美腿效应。

当去陌生人的家里做客，或者到其他公司去办事，落座的时候，不要把身体深深地陷在沙发里而仰面朝天与人谈话，这会引起他人的反感。在与异性落座的时候，一般应该坐在沙发的边缘，两腿微微地侧向对方，这样就显得很有礼貌很有教养。当谈话完毕的时候，很容易立即站起来，与别人握手告别。

2. 不同场合的坐姿

①客厅坐姿

在客厅时的坐姿，坐在沙发上一样要优雅，最好不要跷起二郎腿，将裙子掖进两腿之间，两腿成夹角着地，背部完全放松靠在沙发上，但肩膀和腰吃一点劲，不要完全放松。这样的坐姿好看又舒服。

②餐厅坐姿

上半身挺直坐好，双腿并拢，向一侧斜撇开一只脚，大约 5 公分，再把另一条腿斜搭在撇开的这条腿上。

③酒吧坐姿

先微微斜撇出一条腿，再把另一条搭上去，腿部线条最美，整个的坐姿看上去最优雅。

3. 掌握一些坐姿禁忌

坐的时候都不能把双腿叉开，这是不文明的体态。对于女性，这表示了她性开放的暗示。不要随便架二郎腿，显得自己不庄重。不要架着二郎腿的时候抖动自己的脚尖。因为对于女人，这就是一种挑逗。

总之，生活中的女孩们，在各种场合中，如果你都能时时注意自己，在潜移默化之中就能渐渐养成优雅的坐姿。

站姿优美的女孩，尽显亭亭玉立的美

在人际交往中，一个人所有仪态的基础都是站立，对于二十来岁的女孩来说，她一站在人前，就能看出其内在修养。如果站立姿势不够标准，她的其他姿势便根本谈不上优美而典雅。因此，每个女孩都应该学习正确的站

立姿势，这是礼仪学习的重要内容。

所谓站姿，指的就是人们在停止一些身体活动后，直立着自己的身体、双脚着地，或者踏在其他物体之上的姿势。现代礼仪对女性的站姿要求是："站如松。"嘴微闭，两眼平视前方；收腰挺胸，脚挺直，两臂自然下垂；两膝相并，脚跟靠拢，脚尖张开约60°，从整体上产生一种精神饱满的感觉，切忌头下垂或上仰，弓背弯腰。

生活中，人们常常说的站如松，指的是就是要像松树一般挺拔，这是一种静态美。二十几岁的女孩，掌握正确的站姿要领，以健美的站姿出现在别人眼前，能给人一种挺拔笔直、舒展大方、精力充沛、积极向上的良好印象。

对于所有情侣来说，恋爱谈到一定阶段就要谈婚论嫁，就免不了要见家长，小杨与小米恋爱半年多了，小米决定正式见见小杨父母。小杨一直认为自己的女朋友是个可爱的姑娘，一定能让父母高兴。

这天，他们俩在酒店订了一桌酒席。

这天，小米很快到了酒店，她紧张不安地等待着小杨父母的到来。终于，这一家人姗姗而来了。

一番介绍后，小米便对小杨父母说："叔叔阿姨，我听小杨说你们有一些忌口，就点了一些你们爱吃的菜，希望你们别嫌弃。"小米很紧张地说完了这句话。她留意了一下小米母亲的表情，虽然对她笑了笑，但很明显，好像并不满意。

接下来的一顿饭，虽然小杨尽力从中斡旋，但小杨母亲似乎都不大高兴，她和小杨都觉得莫名其妙。

饭后，小米给已经和父母一起离开的小杨发了条短信："你帮我问问，我哪里做的不好？"

"放心，收到，包在我身上。"

回到家后，小杨母亲把包重重地摔在沙发上，不高兴地说："这姑娘还说什么研究生毕业，这么没教养？"

“老伴，咋了，刚才吃饭的时候我就看到你脸色不对了，那女孩挺好的啊，怎么就没教养了？”

“你老花眼了吧，她站着的时候就一直在那儿抖腿你没看见？我看，她要是动作再大点，我还以为她有多动症呢。”

恐怕，生活中，也许一些女孩有这样的习惯：站立着与人说话时，会不自觉地抖腿，一些长辈可能会说“什么臭毛病！”可见，对于一个女孩来说，学习正确的站姿礼仪是何等重要。

对于女性来说，正确的站姿的特点是：端正、挺拔、舒展、俊美。具体来说，你需要做到的是：

不要叉开双腿，也不要放松四肢。

一般地说，站着的时候，一条腿用力多一点，另一条腿用力小一点，形成一种稳定。人们所说“站如钟，行如风”，就是说，站着的时候，重心的稳定，是性格坚定的体现。

站一定要挺，抬头挺胸收腹，一切要平，这是最起码的站姿，而且不管在哪里，在哪种场合，只要是站就要保持这种形态，长久下来就会形成一种习惯。如果你说不行，我站不出那效果，那就锻炼自己，脚跟、臀部，两肩、后脑勺贴着墙，两手垂直下放，两腿并拢做立正姿势站上个半小时，天天如此，就能站出那效果来。

正确的手位。

一些女孩在站立着的时候，尤其是在众人面前，常常手足无措，双手不知放在何处才好。站姿可以随着场合进行调整。

其实，同别人站着交谈时，如果空着手，可双手在体后交叉，右手放在左手上。

若你身上背着背包，可利用背包摆出优雅的站姿。

向长辈、朋友、同事问候或做介绍时，不论握手或鞠躬，双足应当并立，相距约10厘米左右，膝盖要挺直。

等车或等人时，两足的位置可一前一后，保持45度角，肌肉放松而自然，并保持身体的挺直。

当然，这些站姿是规范的，但要避免僵直硬化，肌肉不能太紧张，可以适宜地变换姿态，追求动感美。在站立时，不要躬腰驼背或挺肚后仰。也不要东倒西歪地将身体倚在其他物体上，两手不要插在裤袋里或叉在腰间，也不要抱臂于胸前。

总之，站的姿势应该是自然、轻松、优美的，不论站立时摆何种姿势，只有脚的姿势及角度和手的位置在变，而身体一定要保持绝对的挺直。

女孩要优雅，"蹲"出你的美

在日常生活中，当人们的东西掉在了地上，人们会习惯地弯腰或蹲下将其捡起，这一动作对于身着裤装的男性来说，可以轻松地完成，但对于女性尤其是那些经常着裙装的女性来说，必须要注意自己的姿势。这也是二十来岁的女孩要学习的礼仪知识。如果你也像普通人一样采用一般随意弯腰蹲下拾物的姿势是不合适的。因为这不仅可能会造成身体隐私暴露在外，还影响到自己的形象。为此，女孩们，你必须要掌握一套下蹲的礼仪；否则，是很容易当众失仪的。下面的例子说的就是这个道理。

小敏是一家化妆品公司的销售员，进入这家公司已经三年了，但她依然记得当初刚工作时闹出的一个笑话，如今想起来，她还羞愧难当。

那次，为了感谢公司的前辈和同事、客户对自己的帮助照顾，她非常热情地邀约大家一起来参加自己的家庭聚会，整个聚会的过程非常愉快，到最后的时候，小敏建议大家一起合照留念一下。由于聚会的人比较多，其中一

个拍照的同事建议小敏和一帮伙伴们在前排下蹲。

小敏是个大大咧咧的人，就连动作幅度也比较大。突然大幅度下蹲居然让小敏当众摔倒了，即便她已经赶紧站起来，但这不雅的一幕还是让其他人看到了，小敏觉得很难为情。后来，她学习了不少礼仪常识，这样出丑的事再没发生过，但那件失礼的事还是让小敏耿耿于怀。

从这个例子可以看出，对于初入社会和职场的女孩来说，如果不掌握正确的蹲姿礼仪的话，就可能会和故事中的小敏一样造成当众失礼的尴尬，也会影响到你的个人形象。

那么，女孩们应该怎样下蹲才符合礼仪呢？一起来学习吧。

1. 女孩要掌握的基本蹲姿要求

女孩在某些场合下，比如，捡掉在地上的物品或取低处物品，都要注意不可暴露自己的内衣。应做到站在所取物品的旁边，屈膝下蹲，慢慢地把腰部低下。

具体的蹲姿要求是：

①动作自然、大方、得体，不要扭扭捏捏、遮遮掩掩。

②下蹲时，两腿合力支撑身体，掌握好身体的重心，以免滑倒。

③蹲时，应使头、胸、膝关节在一个角度上，使蹲姿优美。

④无论采用哪种蹲姿，都要将腿靠紧，臀部向下，千万不要翘臀。

具体来说，优雅的蹲姿礼仪主要有以下两种：高低式蹲姿、交叉式蹲姿。

2. 两种优雅的蹲姿

①高低式蹲姿

这种蹲姿的特征：

一般是右脚在前，左脚在后，两腿靠近下蹲，右脚全脚着地，小腿基本垂直于地面，左脚脚跟提起，脚掌着地。左膝低于右膝，左膝内侧靠于右小腿内侧，形成右膝高左膝低的姿态，臀部向下，基本上以左腿支撑身体。销售人员选择这种蹲姿既方便又优雅。

②交叉式蹲姿

在实际生活中常常会用到蹲姿，如集体合影前排需要蹲下时，女孩可采用交叉式蹲姿，下蹲时右脚在前，左脚在后，右小腿垂直于地面，全脚着地。

这种交叉式蹲姿略有难度，女孩们，你应多多练习，避免因突然大幅度动作伤及腿部肌肉或关节而摔倒。这种交叉式蹲姿优美典雅且不易走光，多用于女性，尤其是身着短裙的女性。

另外，女孩们，完整的一套蹲姿礼仪还包括以下几个需要注意的问题：

①勿离人太近

下蹲时，不要离人太近，应与身边的人保持一定的距离，避免彼此迎头相撞，并且速度也不要太快，冒冒失失地下蹲也不符合礼仪要求。

②下蹲时注意内衣“不可以露，不可以透”。

③注意下蹲的方位

下蹲的时候还要注意下蹲的方位，避免在他人身体正前方或正后方下蹲，最好选择与他人侧身相向的方向下蹲。因为在正前方下蹲是非常不礼貌的。

还有一点，弯腰捡拾物品时，两腿叉开，臀部向后撅起，是不雅观的姿态。

总之，女孩们，你需要掌握的蹲姿三要点是：迅速、美观、大方。若用右手捡东西，可以先走到东西的左边，右脚向后退半步后再蹲下来。脊背保持挺直，臀部一定要蹲下来，避免弯腰翘臀的姿势。要知道，对于女孩来说。蹲姿礼仪是必须学习和不容忽视的，你应该注意这一细节，不要因为不雅的蹲姿让你在他人面前有失体面！

女孩好气质,从轻盈的步态开始

我们都知道,在人们的日常生活里,确实存在着另一种语言,这就是无声的体态语。体态语与空间语,对于注重形象的女性来讲,显得十分重要。如果我们把一个人出现频率很高的形体动作"筛选"出来,那么,这些具有连续性与稳定性的动作,就在一定程度上反映了这个人的风度。对于二十来岁的女孩来说,要想做到仪态万千,首先就要从自己的形体上努力。除了站姿和坐姿外,你还需要学习的是正确的行姿。

可能不少女孩也发现,在我们周围,每个人走路都会有自己的特点,这或许我们平常没有发现,但这些特点确实存在。有人走路永远都是急匆匆的,而有人则永远都走不快,另外还有人走路是内八或者是外八。

不得不承认的是,良好的走路姿态是体现了一个人的修养。良好的步态,应该是自如、矫健、敏捷的。由于男女性别、性格的差别,女性的步伐要注意阴柔美,一般以碎步为佳,步子轻一些,显得轻盈、柔和。行走时都要注意昂首、挺胸、收腹、眼平视、肩要正、身要直、双肩自然下垂,两臂前后摆动自如协调。

现代礼仪对女性的正确行姿的要求是:"走如风",挺胸收腹,目光平视,两手自然下垂,前后摆动,并前摆向里约35°,后摆向外约45°,脚尖直指正前方,身体平稳,两肩不要左右晃动。要款款轻盈显出阴柔之美。均切忌八字步。

可见,良好的步态,应该是自如、轻盈、矫健、敏捷。那么,良好的步态怎样形成呢?

1. 要掌握好适当的速度

女性走路时，速度不可太快或太慢（散步除外），太快，就形成“碎步”，这种步子会使全身出现摇摆，身体的前后摆动太大，或周身肌肉的抖动太大，都会使人的空间视觉形象失去平衡；太慢也不好，那会使你全身肌肉出现松弛，从而失去生活的节奏与力度，给人一种疏懒与精神不振的感觉，更谈不上和谐美感。

2. 要注意重心的稳定

走路时，应微微收腹。收腹与挺胸的动作是自然连在一起的，只有当人体的重心略微向前靠，使其正好落在脊柱的前方，才能在心理上产生一种前进感。走路时，应抬头挺胸，挺胸可以展示女性的胸部，收腹可以加强女人走路的腿部力量，也可以使全身的肌肉紧张，形成一种有力的形象。千万不要向前耷拉着脑袋，也不要向后仰。上半身应保持相对的稳定，不要左右摇摆。手的摆动幅度也应与速度相宜，如果头前倾或后仰，身体左右摆动过大，手的摆动幅度过大等，就可能造成“重心位移”，走路的姿态变成摇摇摆摆，很不稳定。

3. 步态要轻

走路的轻巧，一是给人以敏捷；二是给人以轻松的感觉。

轻巧当然要依靠全身动作的协调。获得轻巧感，走路时需用腰力，同时，走路时脚与腿的使用十分重要，千万不要用大腿迈步而要用小腿迈步。即走路时大腿抬起的幅度不宜太大，如果幅度太大，就会造成上半身向后倾斜，加大了全身的摆动，让人觉得“很吃力”，小腿迈步则显得很轻盈。

走路时，切莫让脚跟先触地再全脚落地，而应该是放脚掌先落地，然后脚后跟触地。

最后，走路时不要扭动臀部（不是指自然扭动，而是人为的扭动），尤其是女性。因为臀部向左右过大的扭动，与走路的前进感恰恰构成了心理上的“异向差”，从而肢解了人体走路时的和谐美感。因此，多余的、矫揉造作

的动作，都会影响步态的优美。

总之，礼仪上的恰当与否是判断一个女人魅力与否的重要标准。任何一个女孩，都要学会用空间说话，用体态说话。就是说，我们要学会用无声的语言配合有声语，达到一种“余音绕梁，三日不绝”的韵味。

女孩要了解肢体语言下的不同意义

生活中，二十来岁的女孩们，相信你都明白，人与人之间，沟通的方式绝不仅限于语言，还有肢体动作。举手投足之间，你都向别人传递信息。任何一个女孩都希望自己成为别人眼中的淑女，这也就是学习礼仪知识的必要性。当然，要做一个真正懂礼仪的女孩，就要了解不同国家的礼仪习惯，要知道，有时候，即便是同一动作，在不同的国家所表达的含义也是不同的，比如，按照中国人的习惯，微笑表示欢迎，皱眉表示厌烦等。再比如，点头这个最具有普遍意义的动作，在中国和美国表示的是赞同，但在尼泊尔、斯里兰卡和爱斯基摩，却表示“不”的含义。

可能你会觉得匪夷所思，但这就是文化差异造成的。我们在与其他国家的人交流时，即便你能熟练地运用外语，但还是应了解他们的手势、动作、举止所表达的含义，只有这样，才能减少交流误差。

我们先来看下面一个故事：

在美国纽约的一所中学里，有很多外籍学生，其中就有一个十来岁的波多黎各姑娘，她是一名品学兼优的学生，但最近，学校的校长却怀疑她和另外几个女孩在学校抽烟，认为她做贼心虚，他的理由是，这名女孩被校长叫到办公室以后，总是低着头，不敢正视校长的眼睛。最后，校长将这个拒不承认错误的女孩赶出了学校。

女孩的父母在知道这件事后,请来家庭教师,这名教师刚好是拉丁美洲出生的,在经过一番询问后发现,女孩与校长之间只是误会一场。

于是,家庭教师来到校长的家里,并对校长解释说:就波多黎各的习惯而言,好姑娘"不看成人的眼睛"这种行为"是尊敬和听话的表现"。

校长是通情达理的,他接受了家庭教师的说法,并承认了自己的错误,妥善处理了这件事。对这种目光接触不同的含义给他留下很深的印象,也使他记住各民族的文化是多种多样的。

这就是典型的因为文化差异造成的误会。肢体语言的一个重要方面是目光接触。在一些国家里,人们认为能直视对方的眼睛是很重要的。美国人便是如此,但在美国,不是所有的民族都这样。而在一些英语国家,盯着对方看或看得过久都是不合适的。即使用欣赏的目光看人——如对方长得漂亮——也会使人发怒。

接下来,针对同一动作在不同文化背景下的不同含义,我们可以作出一些简单归纳:

掌心向下的招手动作:在中国主要是招呼别人过来,在美国是叫狗过来。

OK手势:这一手势本来源于美国,表示"同意""顺利""很好"的意思;而法国表示"零"或"毫无价值";在日本是表示"钱";在泰国表示"没问题",在巴西是表示粗俗下流。

竖起大拇指:一般都表示顺利或夸奖别人。但也有很多例外,在美国和欧洲部分地区,表示要搭车,在德国表示数字"1",在日本表示"5",在澳大利亚就表示骂人"他妈的"。与别人谈话时将拇指跷起来反向指向第三者,即以拇指指腹的反面指向除交谈对象外的另一人,是对第三者的嘲讽。

V形手势。这种手势是"二战"时的英国首相丘吉尔首先使用的,现在已传遍世界,是表示"胜利"。如果掌心向内,就变成骂人的手势了。

在英语国家里，一般的朋友和熟人之间交谈时，避免身体任何部位与对方接触。即使仅仅触摸一下也可能引起不良的反应。

除轻轻触摸外，再谈一谈当众拥抱问题。在许多国家里，两个妇女见面拥抱亲吻是很普遍的现象。在多数工业发达国家里，夫妻和近亲久别重逢也常常互相拥抱。两个男人应否互相拥抱，各国习惯不同。阿拉伯人、俄罗斯人、法国人以及东欧和地中海沿岸的一些国家里，两个男人也热烈拥抱、亲吻双颊表示欢迎，有些拉丁美洲国家的人也是这样。不过，在东亚和英语国家，两个男人很少拥抱，一般只是握握手。

在英语国家，同性男女身体接触是个难以处理的问题。一过了童年时期，就不应两个人手拉手或一个人搭着另一个人的肩膀走路。这意味着同性恋，在这些国家里，同性恋一般遭到社会的强烈反对。

总之，在不同国家、不同地区、不同民族，由于文化习俗的不同，同一动作的含意也有很多差别，所以，肢体语言的运用只有合乎规范，才不至于无事生非。

女孩不要让异味影响别人对你的印象

对于初入社会和职场的女孩来说，都想给他人留下良好的印象。毋庸置疑，女孩们早已清楚学习礼仪知识的重要性，然而，清洁是仪容美的关键，是个人礼仪的基本要求，也是当今社会与人交往、取得成功的必要条件。不难想象，谁也不愿意与那些身上有异味的人相处，反而甚至会退避三舍。因此。每个女孩每天出门前，都要确定自己干净清爽，绝不可让异味影响你的形象。

从小，梁晓莹就喜欢和男孩子们“混”在一起，爱打球、运动、打游戏，到现在参加工作，她还是这样，平时也不怎么注意自己的形象。

由于表现不错，梁晓莹被公司主管推荐到总部进行培训，接下来，她将要接受为期三个月的培训课程学习。

这天终于来了，早上，梁晓莹和从前一样，起来就去楼下操场打球，回来时看时间不够，就快要迟到了，就没洗澡直接换了平日里穿的职业装，紧赶慢赶来到教室，大家都已经就座了。她就赶紧找个中间的位子坐下，谁知道，她还没坐稳，周围几个人都捂住鼻子，还有几个人直接挪了座位，梁晓莹见状，知道肯定是自己的问题。这堂课是必须听的，因此，整堂课上，她都坐立不安。

回家后，她问自己的室友，自己身上是不是有什么味道，她的室友回答：“说实话，平时还好，但是你每次打球没洗澡的时候，身上确实有股味道，比较难闻，应该是狐臭……”

案例中，梁晓莹为什么会在课堂上出丑？是因为她身上的异味。事实上，不少年轻人都有狐臭，狐臭是一种体臭，味道较重容易令旁人感到不舒服。生活中，很多人对狐臭总闻之色变，令当事人尴尬无比。女孩们，在发现自己有狐臭后，不必为此担忧，只要积极地处理，减轻汗腺的分泌，是可以缓解狐臭，也可以采取一些医学方法解决。

事实上，社交中，能让人感到不舒服的异味类型有很多，比如口腔异味、头发异味等，为了避免失礼，女孩们，你必须要做好清洁工作。

1. 面容清洁

要求每日早晚洗脸，清除附在面部的污垢、汗渍等不洁之物。

2. 保持口腔清洁

口腔异味影响交际，必要时可以用口香糖来减少口腔异味。为此，女孩们，你要养成坚持早晚刷牙的习惯，最好做到“三个三”，即三顿饭后都要刷牙；每次刷牙的时间不少于三分钟；每次刷牙的时间应在饭后三分钟内。

但应指出，在正式场合嚼口香糖是不礼貌的，与人交谈时，也应避免。每日早晨起床，空腹饮一杯淡盐水，平时多以淡茶清洁鼻子。

3. 头发清洁

应该养成周期性洗发的习惯，一般每周洗2～3次即可。易出油的头发应该2天洗1次；干性的头发洗头间隔时间可稍长一些。洗前先将头发梳理柔顺，湿润后用洗发用品轻揉，最后冲洗干净。

4. 身体清洁

讲究个人卫生，养成良好的卫生习惯，要求身体勿带异味。常常洗澡是必要的，尤其是参加一些正式活动之前一定要洗澡。

如果有“狐臭”，应及时治疗，避免在公务交往中引起交往对象的反感。有些女孩喜欢使用香水，走到哪里香到哪里，这也是不礼貌的，所以在工作中最好不用香水。

其实，在生活中，如果你有狐臭，不妨采取一些自疗的方法：

①保持皮肤干燥，狐臭发出气味的原因一般还是因为发病部位的潮湿和不卫生，因此，患狐臭的女孩要保持腋窝、乳房等部位的清洁。

②对于发病部位，采取针对性的措施，比如，每天用肥皂水清洗几次，甚至将腋毛剃除，不让细菌有藏身之处。

③戒烟酒，少吃强烈刺激的食物。

④在治疗中，要保持心情开朗，且不宜做剧烈活动，剧烈运动会加大流汗量，加重病情。

总之，女孩们，保持身体清洁是最基本的礼仪，要知道，身体的清洁与一个人的整体形象密切相连，应当引起足够的重视。

第2章

形象礼仪，优雅着装给别人留下美好印象

"人靠衣装"。现代社会，服饰带给人们的，更多的是美观，使得人们向外界展示自己，表达自信等。人们也越来越擅长通过服饰打扮来展现自己的个性。同样，对于二十来岁的女孩，若想在人际交往中成功攻心、获得别人的好感和认可，就需要学习着装礼仪，要注重自己的衣着打扮，穿着要整洁，打扮应适度，言谈举止要得体，尽可能给别人留下一个美好的印象。

美丽的女孩从来不会不修边幅

衣着打扮犹如一首美丽的乐曲，悦人的仪表也是与人沟通的一种艺术。任何一个二十来岁的女孩，都需要用心去塑造明确而有特色的形象，这样的形象既符合身份又能左右他人的感觉，与人交往、办起事儿来自然会感到游刃有余。

同时，我们都知道“爱美之心，人皆有之”的道理，“女为悦己者容”，任何一个男人，都对那些打扮精致的女人更倾心。从这个角度说，女孩们，若是希望获得男性的青睐，也应该注重自己的服饰妆容，做个赏心悦目的女孩。

陈先生是北方一所大学的博士研究生。一年前，他通过相亲，结识了李小姐，两人迅速坠入爱河。以前的他很享受恋爱生活，在学校苦战了一天后，他便迫不及待地等下班，想和女友一起约会、看电影。

然而，就在下半年，他很快发现，当初那个他曾经认为是美女的女友不见了。以前追她的时候，她每天都会衣着光鲜与自己约会，而现在的女友已经不修边幅。他说他们的小家像个狗窝，摸到哪儿都是灰，走到哪儿都是满眼的脏。女友的衣服从来都是塞进柜子里的，穿起来永远都是皱皱巴巴。如果她8:30上班，那一定是8:10才起床，然后从衣柜里随手抓起一件衣服穿上，冲向洗手间胡乱整理一下，套上昨天穿过的脏鞋，便匆匆出门。下班后也不思量做什么菜，永远都是只会做西红柿炒鸡蛋、胡萝卜炒肉和清蒸鱼。陈先生还试图提醒女朋友，我们已不是单身男女了，要考虑怎样过好小日子，并建议她改变一下自己的生活习惯，她听后不是和陈先生红脸就是做不搭理状。

故事中，我们发现，陈先生最为不满的就是女友恋爱前后的变化，可以说，这也道出了很多男人的心声。可以说，任何一个男人，都希望自己的爱人每天都能赏心悦目。

不得不说，人们往往通过着装等外在形象来判断一个人是否成熟可靠。服饰反映了一个人文化素质的高低，审美情趣的雅俗。穿着得体，修饰自然，就会令人舒适，赏心悦目。外表的端庄，是对别人尊重的态度，也是爱护自己，增强自信的表现。没有谁愿意看你蓬头垢面、衣冠不整的样子。对于二十来岁的女孩来说，你也要尽量穿得得体适宜，要知道，一个不修边幅的女孩，是毫无美感可言的。

具体来说，你可以遵循这样的着装打扮原则：

1. 做到清洁卫生

清洁卫生是仪容美的关键，是着装的基本要求。不管你长相多好，服饰多华贵，如果满脸污垢，浑身异味，周围的人必定会对你退避三舍。

2. 穿着最适合自己的服装

不是美丽的衣服都适合你。聪明的女孩懂得选择最适合自己的服装，而不是最美丽的服装。女人的服装要适合自己的身材、适合出入的场合，还要适当掩盖自己的缺陷，这样的服装才会让女人神采奕奕。

3. 化最适合自己的妆容

你需要长期地坚持肌肤养护，让容貌达到最好的生理状态，另外，出去办事的时候也需要化淡妆。一是可以让自己美丽，另外，也是对其他人的尊重。女人最好随身携带镜子和必要的化妆品，随时补妆。

4. 恰到好处的打扮

无论服装还是化妆，都不要将最前卫的状态表现出来，要打扮得恰到好处而又不失韵味。人们接受时髦是需要过程的。如果去办事，头顶着蓝色的头发，脚穿超高跟的鞋，多少会让人有些接受不了。女孩的衣着打扮需要有个度，既不要太落伍，也不要太时髦。

对于二十来岁的女孩，千万不要认为自己随意就好，不要自我安慰地说“凌乱是一种美”、“个性就是美”一类的话。如果你穿一身“哈韩”装或者浓妆艳抹、花枝招展地去上班，或是顶着一头黄发去拜访某位重要人士……尽管你觉得自己很个性，但结果一定会让你失望。相反，一身干净、得体的职业装会让你显得专业、大方！

5.在平时也要注重打扮，为自己积累好印象

你不能只在办事时才忙着打扮自己，平时的打扮也不容忽略。每天出门的时候，应该问一下自己：假如我在路上碰见了同学、朋友、领导，我这样的打扮合适吗？印象在很多时候不是一时形成的，平时积累的印象，才是他人的最终印象。

以这样的原则穿衣打扮，能不偏不倚，恰到好处，至少在礼仪上不会失分，但你在能把握好礼仪的尺度下，要学会根据场景和自己的自身情况，穿出自己的风格，这会让你的魅力大增！

女孩通过着装展示自己独特的个性

俗话说：三分画七分裱，人靠衣着马靠鞍。生活中，那些二十来岁的女孩大部分有购物、打扮自己的习惯，但并不是所有的女孩都懂得服装礼仪。当然，这并不意味着每个女孩穿着上都必须遵循一定的原则。相反，与人交往中，如果你希望抓住他人的眼球，你就应该穿出自己的风格。可能你已经习惯了穿那些暗色调的衣服，比如灰、黑、白，那么，为了吸引他人的注意，你不妨转换一下穿衣风格，多穿一些颜色鲜艳的衣服，如果你觉得不习惯，大可以再戴些配饰，比如一条鲜艳颜色的丝巾。或者一个别致的胸针、一副手

工制作的风格独特的耳环等，这样，你会觉得舒服很多。

悠悠是个很追求个性的女孩，正和她的名字一样，她喜欢特立独行，尤其在穿着上。自上大学开始，她就成为很多女同学在打扮上追捧的对象。为此，毕业后，她对于那些要求穿工装的企业都不考虑，因为她实在忍受不了每天穿着毫无个性的工装。于是，她选择了现在这家民营企业，虽然工资不高，但可以每天穿着自己喜欢的衣服上班，悠悠很高兴。

自从悠悠来上班以后，办公室里发生了很明显的变化。悠悠的身材很高挑，她喜欢民族风格的打扮，再加上一头飘逸的长发，显得潇洒不羁，特别吸引眼球。上班第一天，悠悠穿了一身长裙，胸前的裹紧、下摆的抽紧，让上衣顿时充满了立体感觉。甩口的夸张长裤，让人无从分辨到底是裙还是裤。流畅大气的线条、神秘抽象的图案，这些夸张而富有特点的装扮，让悠悠看上去像一个风情万种的吉卜赛女郎。再加上暗金属感的鱼骨鞋，更是营造出了一个时髦的吉卜赛女郎形象。当悠悠游走在办公室里的时候，同事们看她的眼光就像看到一条热带鱼游弋在办公室里，不由得让人们怀疑自己到底是在办公室，还是在热带海洋的海岸。第二天，悠悠更是像变了一个人似的，她的上身穿着一件特别松垮的白色衬衫，但是领子却是极具个性的立领，腿上穿了一条黑色带暗红色格子的紧身裤，脚上穿了一双黑色的盖过脚踝的罗马凉鞋。这身装扮与第一天的风格截然不同，强烈冲击着同事们的视觉神经。

上班第三天，老板已经在一百多名员工中记住悠悠的名字了。周一开例会的时候，老板指名让悠悠负责一个策划文案，还说看着悠悠的气质和风格，一定充满了灵感。而在平时，一个新进员工，至少要用三个月的时间才能让老板记住自己。

不难看出，悠悠之所以能够让老板只用了三天时间就记住了自己的名字，就是因为她特立独行的着装风格。很多时候，办公室的环境总是显得有些沉闷和压抑，而如果你能用一抹亮色装点办公室，就会给人耳目一新的感

觉，从而使人牢牢地记住你。这样一来，就像悠悠一样，你就能够尽快得到更多的工作机会，甚至还有荣幸让老板亲自点将。

毫无疑问，爱美是人类的天性，不管是男人还是女人，都喜欢欣赏美的东西。尤其是那些年轻的女孩更喜欢打扮自己，因此，人际交往中，如果你能穿出自己的风格，就能吸引住他人的眼球。

不过，在装点自己的时候需要注意一点，即要穿出自己的风格和气质，而不要盲目地跟随潮流，媚俗。其实，每个人都有自己的性格特征，同样的道理，我们在穿衣服方面，也要形成自己独特的风格，这样才能得到别人的欣赏和认可。

因此，着装一定要符合自己的个性，穿出自己的风格。因为只有穿出自己的风格，别人才会对你过目不忘。

总体来说，穿着的风格不外乎以下几种，诸如时尚型、保守型、名牌型、平民型、青春靓丽型、运动动感型之类。时尚型的着装一般紧跟时代的潮流，什么流行穿什么。

保守型的相对来说，更愿意坚持自己的穿着风格而对时尚充耳不闻。

名牌型顾名思义就是喜欢穿名牌的衣服，总是看上去一身都是名牌。

平民型着装风格的人坚持的是：“只买对的，不买贵的”的宗旨，穿着服饰的时候以舒适为主。

青春靓丽型着装风格是少男少女的首选，他们在穿着上多半选择颜色鲜亮、充满朝气的服饰。

运动动感型往往喜欢穿运动休闲的款式，看上去比较轻松随意。不过，这只是着装的大概倾向，其中每个类型又分为很多种类。女孩们，你不应该生搬硬套地迎合某一种类型的要求，而应该在充分了解自己的基础上，找到最适合自己的着装风格，与自己的风格气质相匹配。只有这样，才能在服饰的衬托下使自己显得更加完美，给人留下深刻的印象。

聪明女孩懂得不同场合的穿衣规则

相信大部分女孩都知道第一印象在人际交往中的重要性。心理学家认为,由于第一印象主要是性别、年龄、衣着、姿势、面部表情等“外部特征”。虽然我们都知道以貌取人可能带来某种判断上的失误,但我们不能不否认,一个人若想给人留下良好的第一印象,就必须注重自己的衣着打扮,并且要懂得看场合穿衣。

而现实生活中,不少女孩没有认识到这一点,她们生性散漫,不愿意花时间去整理自己的服装。甚至有些大大咧咧的女孩,一件外套一穿就是一个月,袖口和领子上积了一层厚厚的污垢,自己也习以为常,照样穿着出门、上街、逛商店、会朋友甚至出席宴会。在她们的观念里,服装只不过是御寒和遮羞的工具,没必要花时间和心思去考究。其实,这种想法是不对的。要知道,一个人的服装代表着这个人的形象,别人可以通过你的穿戴,推断当事人的文明程度、精神状态等,切不可等闲视之。尤其是对女孩而言,不但要注重穿戴,更要懂得看场合穿衣。不难想象,假如你把在家里穿的睡衣穿到办公室,同事们会作何反应。假如你在丧礼这样的悲痛场合穿红色连衣裙会让人作何感想。

我们先来看下面的故事:

某形象设计师有几次在途中快速变更装扮的经验。她在担任某著名化妆品集团经理时,有次从广州到南京参加美容盛会,而当天一到南京若不立刻赶到会场是会迟到的。但在飞机上总不能着盛装,引人侧目啊!她只好在离开广州时,于箱内放置长裙等宴会服。飞机于目的地机场降落后,她已

没有时间先抵酒店，就在机场洗手间的化妆室内更衣。“首先我把长裤更换为长裙，后再戴上饰品、补上浓妆，终于在最短的时间内完成赴宴的打扮。这一经验告诉我，只要有一些勇气和责任心，则不管多短的时间都可以完成更换服饰打扮这件事。”

在机场的化妆室内更衣，听起来是件不可思议的事！但这位形象设计师却能完美地做到。这位形象设计师的经历告诉生活中的所有女孩，在不同的场合，要有不同的穿戴。如果你不谙此道，不太注重，很可能因此而吃亏。那么，具体来说，我们该怎么做呢？

1. 根据出入的场合穿衣

作为女性，我们可以这样更换自己的服装：出席朋友宴会时，可以穿庄重的长裙；约会时可以穿青春活泼的短裙配外套；出门旅游或上街购物可以穿干净整洁看上去精神利落的牛仔服；晴天穿粉红色的毛衣，阴天则穿浅绿色的女式西服……这样，你可以每天都把自己打扮得明快靓丽，无论是上班还是走在大街上，你都会是人们心目中一道美丽的风景。

而在正式场合，女士着装，不要过于杂乱、过于鲜艳、过于暴露、过于透视、过于短小、过于紧身。无论服装还是化妆，都不要将最前卫的状态表现出来，要打扮得恰到好处而又不失韵味。人们接受时髦是需要过程的。如果去办事，头顶着蓝色的头发，脚穿超高跟的鞋，多少会让人有些接受不了。衣着打扮需要有个度，即不要太落伍，也不要太时髦。以下几点“禁忌”尤其要注意：

禁穿黑色皮裙。在商务场合，不能穿着黑色皮裙，否则会让人啼笑皆非。因为在外国，只有街头女郎才如此装扮。所以，尤其与外国人会谈时，绝不能穿黑色皮裙。

禁光脚。正式场合穿裙装，尤其是穿套裙不穿袜子，有可能让人误解。

禁“三截腿”。穿半截裙子时，不要穿半截的丝袜，容易导致裙子一截、袜子一截、腿肚子一截，这会使你的形象大打折扣。

2. 看体型，穿适合自己的衣服

不少女孩认为，只要是美丽的衣服就适合自己，实际上并不是如此。我们要根据自己的体型选择服装，还要适当掩盖自己的缺陷。

一些会穿衣的女孩，她们在外表上并不胜于他人，但只要我们稍微定神，就发现，她们身上会散发出一种语不惊人的美，这种美是由内及外的，更多的是体现在穿戴上，她们总是能引来别人更多的关注，她们更容易成为社交场合的焦点。

3. 注重色彩搭配

关于色彩，人们有一些错误观念，比如：

①皮肤白的人穿什么都好看。其实每个人都有自己穿起来好看的颜色，也都有不适合的颜色，与皮肤的黑白没什么关系。

②穿黑色显瘦。绝对并非如此。要看你是属于哪一种色彩类型的人。

③艳色是俗气的。色彩本身没有好坏之分，但有选择与搭配的好与坏，不和谐的色彩无论艳或不艳都不美。

④只有相近似的颜色搭配在一起才好看。相近或相似仅仅是一种配色方法，其实还有许多配色原则。

⑤黑白是百搭色。黑白是很极端的颜色，想要在衣服上任意搭配出漂亮的效果不容易，不要什么都用黑白去凑合。

⑥对比色的搭配是土气的，比如红色与绿色的搭配。对比不等于不和谐，如红与绿搭配得好坏要看它们属于什么调子的红与绿，还要考虑面积对比等因素。

以这样的原则穿衣，能不偏不倚，恰到好处，至少在礼仪上不会失分，但你在能把握好礼仪的尺度下，要学会根据场景和自身情况，穿出自己的风格，这会让你的魅力大增！

女孩的美丽,来自于精致的妆容

现实生活中,对于二十来岁的女孩来说,不管是与朋友约会,还是同事聚会;也不管是有家里长辈在的场合,还是死党们的开心下午茶。总之,需要你频频亮相,展现风采的时候到了。此时,你不仅需要衣着大方,妆容更要精致,我们不要小看妆容,如果你妆容出错,那么,不仅会让你信心全无,还会让他人感受到你的不尊重。为此,我们在与人打交道前,一定要精心准备,尽量以干净、利落、精致的妆容亮相。

露西是某时尚杂志新聘请的员工。

最近,公司要举办一次大型的年会,露西希望在这次年会上能认识公司高层的领导和时尚界的名人,为此,她比其他员工更重视年会前的准备工作。

年会的时间是在晚上,这天下午,露西早早地下了班,然后花了几个小时化妆,仔细审视半天后,她对自己的妆容很满意。

来到年会现场,她看到周围的一些前辈们已经早早到场了;奇怪的是,她发现这些前辈们并没有她如想象中的那样浓妆艳抹。正想着,办公室的同事蕾卡走过来,对她说:"露西,你今天怎么这么打扮啊?"看到一身鲜艳颜色、浓妆艳抹的杰西,蕾卡很诧异地问。

"今天不是杂志的年会嘛?我觉得不能怠慢,就打扮了一下,不然就显得对人不尊重了嘛!"

"你呀,真是糊涂,这种大型的年会,我们是应该重视,但你知道不,这不是化装舞会,你这妆容则显得有点庸俗了。你过来……"蕾卡把杰西带到卫

生间，重新给她化了妆，蕾卡一边化一边说："你知道吗？在时尚圈，你一定要学会根据场合来化妆，比如，对于这种晚宴妆……"化完妆的露西，清新了很多。在这次年会上，她认识了很多圈内的前辈，学到了不少的知识。

恐怕在我们周围，不少年轻女孩都会对化妆存在一些误解，她们认为，所谓的社交妆容就是生活妆加浓、浓妆艳抹。事实上，这种做法是绝对错误。因为生活妆追求得体，往往缺少重点，会让人觉得过于平淡。而单纯加浓妆容，不顾气质场合，更会贻笑大方。

我们都知道，我们的服饰装扮一定要根据不同的场合来选择，与人交往，尽量要让自己的妆容显得精致，这是一种对人的尊重，要做到这里的"精致"，我们就要重视仪容的整齐干净，但并不是说要浓妆艳抹，为此，我们不妨学习以下几点内容：

1. 女孩要掌握一些正式社交场合的化妆大法

晚宴妆比较重视的是亮度、层次感，因此，最重要的就是选择眼睛、口红和腮红的颜色。晚妆较多用紫色、玫瑰红色、银灰色、蓝色等突出主题的色彩，并较多用带有荧光的眼影或用于凸出面部的高光色，在晚间灯光下与有光泽的服饰相辉映，提高晚妆夺目的表现力。通常晚妆着色较平日更浓重一点，当然切忌走向极端，过于浓艳的女人，容易被人看成是粗俗与最不受欢迎的。

另外，就是层次感，如口红，可以有3个层次感，唇部外延色彩偏重，有较好和精细的轮廓感，唇部主体为主体唇色，中部可选择浅色或白色，也可选择富有光泽的唇彩或唇油，造成生动、丰富迷人的立体效果。

2. 注意妆容的一些禁忌

①细节上的失败，俗话说："细节决定成败。"你的妆容整体效果如何，很多时候也体现在这点上。一些女孩做足了服饰、妆容、发型等功课，但最后还是被人认为是没水准和经验，关键还在于忽视细节。比如，一女孩涂了唇膏还能看出很深的唇纹，这一细节成了整体的败笔。

②妆容与服装质感冲突，一些不懂化妆的女孩常常会忽略妆效与服装质地的搭配，比如穿了光泽感很强的服装，居然“素面朝天”，或者穿了麻质和棉质的服饰，妆容却画得光泽闪烁，从整体上看，觉得很不协调。

③妆效太夸张或不均匀，厚重得像面具一样的底妆、过于艳丽的腮红、太过夸张的假睫毛，这些化妆化得过头了的状况，很容易被社交狂热派遇到，有时候太想表现自己，效果反倒适得其反。

一般来说，女孩们，若你们能注意到以上几点，就能大致做到以精致的妆容去与人打交道了。

女孩的美丽，从“头”开始

在正常情况之下，人们观察一个人往往是“从头开始”的。位居于头顶之处的头发，自然不会被错过。而且还经常会给他人留下十分深刻的印象。因此，曾有一位商务礼仪专家指出：“每当人们与一位商务人员陌路相逢时，最注意对方的，大都是其发型、化妆、着装等几点。正因为如此，一名商务人员假如不想使本人形象受损，就不能够在外出应酬时不重视上述各点。”

当然，不仅仅是商务人士，生活中的任何人，更包括那些爱美的年轻女孩，也都应该注意自己的发型，无论在什么场合，都要随时保持好你的发型，不要过于随意凌乱，干净、利落的发型能让你显得成熟、干练，不至于失态。

高中毕业以前，小丽一直有着一头柔顺的长发，上大学后，因为自己无法料理，她狠了狠心，便剪了一头干净、利落的短发。于是，她由一个气质美女一下子成了一个假小子。

通常情况下，她都是一条牛仔裤，一件休闲上衣。就这样，四年过去了。

她依然带着这身打扮进了现在这家公司。在公司,虽然很多人也挺喜欢她那身帅气的打扮,但是慢慢地她发现了一个她非常不愿意看到的现象,那就是很多男同志都把她当哥们,女同志则把她当帅哥,这当然和她那豪爽如男儿的性格是分不开的。更让她受刺激的是,有一次,她到 KTV 唱歌,居然有女士把她当成男人,对她说:“先生,我们一起唱吧。”

回到家,她为此郁闷了很久,心灵第一次触动了。作为一名女性,谁都希望得到异性的追求,谁又不想小鸟依人般的撒撒娇呢!可这开朗的性格、这男性化的打扮夺去了她作为女性该有的娇柔。于是,她准备改变自己的形象。于是,她开始向别人请教怎么改变形象,才能让自己更有女人味,一些男性朋友建议她把头发留长,他们还委婉地告诉她:凡是男的都喜欢女孩子的头发是长发飘飘的,那样比较有女人味。

这下子,小丽才明白,是时候改变自己的形象了:蓄长发。说起来容易,但是短发留长的过程是何等艰难啊,没有造型的半长不短的头发,把爱美之人丑化得心力交瘁。但她告诉自己必须坚持才能柳暗花明,身边的朋友也安慰她:“我们都不会嫌你难看的,我们一起帮你加油,坚持过去这段时间就好了。”

一年多过去了,她那头秀发又回来了。有一天,她去了一家发型会所,让发型设计师为自己设计了一个很棒的发型。去上班的时候,同事看到她的那样子都惊讶不已,有的甚至从背后都没认出她来,惹得几个女同事说:“原来装扮女人味要从‘头’开始啊。”

看着那些长发飘飘的女子,不禁感慨久违的女人味回归了。

现代社会,虽然中性风一度流行起来,但无论社会发展到何种程度,人们对美女的遐想,还是会常常跟秀发联系在一起。所以“女人味”除了温柔的性格、善待他人的心、动听的声音、婀娜的体态,还需要一头如水的长发。

的确,发型是女人最关键的装饰部分,不同发型会产生不同的效果。长发的可塑性,将使你可以根据场合和心情梳理、变换。工作时可以盘,慵懒时可以披下来,童心大发时还可以编成小辫。女人的心情本来就是多变的嘛!一个发型,一种心情,长发可以让你在任何时候都女人味十足!

为此,生活中的女孩们,你需要注意以下几点:

1. 要重视头发的梳理

要使你的头发看上去整洁秀美、清爽悦目,将其认真梳理整齐,令其线条分明、层次清晰、一丝不苟,是极为重要的。不论从哪一方面来讲,在正常情况下,一个女孩的头发蓬乱如草,凌乱不堪,都会使其难以为他人所接受。正因为如此,你需要经常梳理好自己的头发。

2. 留适合自己的发型

并不是所有的女性都适合长发,总的来说,女孩选择发型最重要的倒还不是为了美丽,而是要明白自己现在最需要什么样的形象,最需要表达什么样的特性。

3. 呵护你的秀发

轻扬在风中的发丝,呈现女人的本色魅力。呵护你的秀发,你需要做到:

在洗头的同时,可用护发素按摩头部,然后用温水清洗,再用毛巾吸干;

日常多吃蔬菜水果,多喝水,还可选用具有保湿功能的美发用品;

定期进入高档美发店专业滋养秀发,拥有优良的发质;

买护发品先看品牌,再看成分,最后才问价格;

染发,但少挑染。即便挑染也要选择极不显眼的同色;

爱上干练的短发,也不排除光滑流畅的中长发。排斥卷发。

4. 发型要与场合相适宜

通常来说,女性对发型的基本礼仪要求是:庄重和保守。平心而论,时下社会所流行的一些新潮发型,例如“朋克式”“烫字式”“梦幻式”“爆炸式”“多穗式”“迷乱式”“仿蛇式”等,或是华丽美艳,可是出奇制胜,对于他人都有着强劲的吸引力。然而它们却绝对不适合于那种场合庄重的饭局,比如,商务洽谈,如商务人员在这种正式场合以这一类的“前卫”发型亮相,只会被人等同于不守本分、缺乏主见之辈,而绝对不会为自己赢得好评。

总之,任何一个女孩都要明白的是,保持好发型,尤为重要,是装束礼仪之中不可或缺的一个重要的组成部分。

小饰品的点缀,让女孩增色万分

日常生活中,可能大部分女孩都会选择佩戴一些饰品,在人际交往中,这能让你更“亮眼”。的确,看似不经意的点缀,你独特的气质和品位已经被“点亮”。小饰品可以反映人的品位,在日常生活中的服饰搭配是审美品位和生活质量的聚集点,所以,这些小东西的影响力不容忽视。

然而,首饰对于男人和女人的意义是不同的。对于男人,象征着身份;对于女人则是点缀,具有画龙点睛的作用。因此,作为一个二十来岁的女孩,佩戴首饰要和身份、气质及服装相协调,彰显独特的审美品位和品质。反之,则让人感觉到粗俗不堪。

最近,杨老师和丈夫一起参加了一个宴会,宴会上,她的丈夫突然对她说:“老婆,那位女士到底是昏(婚)了还是没昏(婚)?”

丈夫的话让他感到很诧异,便循着丈夫眼光的方向看去,原来她看到了一位打扮华丽的女孩,这个女孩大概二十几岁,身材姣好,但手上却戴了四个戒指:四个戒指的材质不同、款式不同,看上去眼花缭乱。脖子上有一条白色的珍珠项链,耳朵上两个长长的耳坠是绿松石的……正看着,丈夫对她说:“我看她活脱脱就像一棵圣诞树。”此时,杨老师只好告诉他:“这只能代表她比较有钱。”

宴会上，为什么杨老师的丈夫会发出这样的疑问："那个女孩到底是昏(婚)了还是没昏(婚)?"因为这个女孩年纪轻轻，但佩戴的首饰种类和样式太多了，尤其是她的戒指。我们都知道，戒指是爱情的信物，按照国际惯例，戒指绝不戴在大拇指上，如果戴在食指上，表示想结婚而尚未结婚；如果戒指戴在中指上，表示正处于热恋当中；如果戒指戴在无名指上，表示已经订婚或已经结婚；如果戒指戴在小指上，表示决心过独身生活，终身不嫁或终身不娶。但这位女孩却戴了四个戒指，难怪这位男士会发出这样的疑问。

的确，社交生活中，女孩在选戴首饰时，也是应该遵循一定的规矩的。这里，我们需要了解：

1. 佩戴饰品的重要原则是适宜

佩戴饰品的重要原则之一是不影响你的身体部位的活动，因此，应当尽量避免选择过于耀眼的闪光饰品，而要选择有品位的、格调高雅而不张扬的饰品，这样才会衬托你的气质。

2. 佩戴饰品的种类不宜过多

其次，佩戴饰品的种类不宜过多。尤其是对于女性来说，有很多首饰可供选择，但是，同时佩戴的首饰至多不能超过三种，否则就会给人一种繁冗、罗列、堆砌之感。但是新娘可以例外；

如果同时佩戴两件或两件以上首饰，在色彩上力求同色，千万不要像上述那个女孩一样，打扮得像一棵色彩斑斓的"圣诞树"。

如果同时佩戴两件或两件以上首饰，力求质地相同，比如戴个铂金的戒指，可以戴相同质地的铂金项链。高档名贵饰物，尤其是珠宝饰品，多适用于隆重的社交饭局；否则，会让同行的其他赴宴者浮想联翩："就你有钱?"

3. 佩戴饰品要精益求精

当然，这里所指的精益求精，并不说，佩戴的饰品价格越高越好，而是说要精致、有韵味，千万不要戴那些地摊上随便买来的饰品，否则往往会起到相反的效果。

4. 佩戴饰品要有自己的独特风格

很难想象，假如你所在的办公室里的每个女人都佩戴着类似的饰品，那么，不仅没有起到装饰的效果，反而显得千篇一律，毫无个性可言。

有时候，即使你佩戴一条自己手工制作的廉价的手链，也比全身披金挂银来得好。由此可见，佩戴饰品贵在别出心裁，贵在与自己的气质浑然天成。

总之，女孩们，无论你选择什么首饰，首饰之类究竟不过是个点缀作用，佩戴得好了，可以提升自己的品位，让他人一下子记住你，而不恰当了便显庸俗，这里讲究的是精妙典雅。

鞋子与包包最能体现女孩的品位

曾经有人说，女人天生是购物狂，尤其爱买鞋子和包包。的确，相信生活中的大部分年轻女孩，都无法拒绝来自鞋子和包包的诱惑。然而，如何选择鞋子和包包，却体现了你的品位。

从大学毕业以来，陈静就一直在这家小公司做销售。虽然自己的业绩一直不错，但陈静一直认为自己可以有更好的发展，于是，她经常抱着骑驴找马的心态，在工作的同时，还给其他大公司投简历。终于，她投出的简历有了回应，这不，一家跨国大公司的人力资源部门给她打了电话，让她第二天去面试。为此，陈静很激动，虽然不一定能被这家公司聘用，但她还是觉得要努力一试。于是，当天，她就去理发店做了头发，还去商场为自己选购了一条职业套装，这身行头花了陈静两个月的工资，让陈静心疼不已，不过也还是觉得很值得。当然，她也没有忘记换上自己认为最好的一双高跟鞋。

第二天一大早，陈静就来到了这家公司，她是有实力的，三年来的工作经验早已将她磨炼成一个能说会道的人，于是，她过五关斩六将从一百多人中脱颖而出，和剩下的三个人一起进入最终一轮的面试。这次是小组面试，即五个人一起参加董事长主持的面试，完成一个董事长提出来的销售策划方案。在面试的过程中，陈静的表现很优秀，令其他几个面试者压力很大。不过，他们最终通过彼此配合完成了这个策划方案。面试结束后，这6个人坐在会议室里等通知，董事长在和几个面试官沟通。在等待的过程中，几个应试者不由得聊了起来。大家都觉得陈静肯定能够成功应聘，因为陈静无疑是他们之中最优秀的。而坐在这5人中间，陈静则暗自庆幸自己花了两个月的工资买了一身好行头，因为其余的五个人全是西装革履。一个小时过后，董事长助理出来宣布了最终的结果。结果大大出乎大家的意料，陈静并没有竞聘成功，董事长选择了另外一个男士。

陈静当然很苦恼，但她更纳闷董事长为什么没有选择自己，因为明眼人都能看出来陈静无疑是其中最优秀的。为此，陈静好奇地找一个面试官询问原因。面试官很惋惜地说："其实，你各个方面都非常符合我们的要求，但是，您在仪表方面略有欠缺。要知道，我们是跨国公司，需要打交道的都是高级商务人士，每个员工都代表了我们公司的形象，所以董事长还是选择了仪表方面比您好的那个应聘者。"听到这里，陈静更不明白了，他说："可是，我已经非常重视形象了啊，您看，我身上穿的套装是特意去商场买的，花了我两个月的工资呢！"面试官笑着说："我知道您的衣服刚买的，因为您忘记把袖口的商标拆下来了。不过，我个人认为，您如果能够给这身高档套装再配一双好的高跟鞋，那就更好了。要知道，鞋子才能彰显一个女人的品位。"

在这个事例中，准备充分的陈静为什么没有获得应聘的成功呢？问题还是出在了鞋子上，从面试官的话中，我们可以看出，即使陈静穿了一身新西装，但却没有一双新高跟鞋与之匹配。

通常来说，女人对鞋子都有一种偏爱，女人们看到自己喜欢的鞋子，很多时候，即使价格再昂贵，也会买下来。当然，彰显女人品位的，除了鞋子，还有包包。为此，生活中的年轻女孩们，在穿鞋与包包的选择，你需要明白的是：

1. 会选鞋、会穿鞋

鞋，应该是女人很贴心的东西。有人把婚姻比作鞋子，说舒不舒服只有自己知道。的确，穿在脚上，终日相伴，它应该是最了解女人心事的了。高跟鞋之帝 ManoloBlahnik 说过："一双优质的鞋子，是时髦装扮的基础。"

建议选用鞋跟高 3～4 厘米的正装鞋，颜色以中性色为宜，尤其是黑色，黑色宜于和中性色调或更多色调的衣服搭配，包容性较强。

当然，黑色并不能配所有的服饰，浅色调衣服搭配黑鞋会显得过于沉重，这时你可选用有黑色部分的衣服来呼应，或是配一些黑色的帽子、围巾、项链之类的饰品。除了特意搭配某些衣服的鞋子需要特别的颜色，大体上你只需要三种颜色，就可以搞定全年的搭配，即黑色、驼色、红色。黑色是最实用的色彩，为脚下奠定了一片稳稳江山。最必备鞋款当然是一双春夏的黑色高跟凉鞋。驼色是最基本的色彩，但它同时也是很摩登的颜色。而且，驼色在秋冬和春夏都有不俗的表现，根据不同的搭配也可以塑造出或摩登、或干练、或文静的气质，可以自由穿梭于不同的时空。当然，不要选择鞋跟超过 5 厘米的鞋子，那会损害身体健康。

2. 选择合适的包包

对于女性来说，包也是穿着服饰的很重要的配角，往往起到举足轻重的作用。包是一个人风格的宣言书，要想找到一个女人的风格和价值取向，只要观察她所用的包就可以了。一个另类的女人包肯定是与众不同、标新立异的；一个严谨的女人包肯定是中规中矩的；一个随意的女人包肯定是松松垮垮的，有很大的容量，既方便又实用。

品位着装与普通着装在策略上有一个重要区别，即让服装因为包和鞋

而变得更完整和完美，通俗地说，也就是说没有品位的人不懂得让鞋和包对着装起到画龙点睛的作用，而是毫不相干，或者喧宾夺主，但是，有品位的人则懂得让鞋和包唱好配角，将整体着装烘托得更加完美。

总而言之，任何一个年轻女孩，不管在着装上你是风格，都不要将鞋与包和服装分开考虑，而应用心地让自己的包和鞋与服装搭配起来。

“香香的”女孩，永远惹人爱

现代社会，对于任何一个追求个人生活品质、注重个人魅力的女性来说，香水是不可或缺的重要物品。她与女人其他的物件——服饰、妆容、佩件不一样，它无形，但却无时无刻不萦绕在女人的周围，彰显着女人的气质，衬托着女人的风雅，昭示着女人的品位。

因此，夏奈尔说香水是女人的第二件衣服，阿尔·帕西诺因此可以“闻香识女人”。每一个人都代表一种特色的气味存在于天地间。同样，对于那些二十来岁的年轻女性，也要学习香水知识，并选择一款能够代表自己的香水，在感染和弥漫之中，告诉每一个场合中的其他人，这是“我独特的味道”。

香水是很性感的、有情趣、有气氛、有空间的，有了香水便有了环境、氛围、意境以及想象力。一个女人对香水的拥有和使用更能代表女人修炼和成长的程度，对香水的需求更能表明女人的完美和成熟。任何一个使用香水的女人都了解以下世界十大香水：

毕扬，由名牌服装设计师毕扬调制，最昂贵的香水，有浓郁而神秘的东方香味，每盎司300美元。

欢乐，由巴黎服装设计师尚巴度推出，其茉莉香味，名副其实能带给女

性欢乐，每盎司230美元。

蒂夫尼，优雅的欧洲风格，以茉莉与玫瑰香味为主，混合森林基调，每盎司200美元。

狄娃，繁复的香味，适合最时髦和最浪漫的女人，由恩加罗公司出品，每盎司190美元。

鸦片，浓郁的东方香味，神秘而具诱惑力，圣洛朗公司出品，每盎司175美元。

小马车，爱马仕的招牌香水，每盎司170美元。

艾佩芝，雅致的花香味，同时散发纯朴的气息，由浪漫公司推出，每盎司170美元。

夏奈尔5号香水，1921年上市，“5”是夏奈尔女士的幸运数字，在其精品系列中，不论珍珠表链、首饰，均以5为标志，其开瓶香味为花香乙醛调，持续香味为木香调，No.5的花香，精致地注释了女性独特的妩媚与婉约，每盎司170美元。

一千零一夜，娇兰的著名香水，有东方松脂味道，每盎司170美元。

象牙，帕门推出的女性香水，风格清新，每盎司165美元。

英语中“wear”是穿戴之意，也是涂抹香水时“涂”的用词，这就给香水增添了一层“魅力之衣”的含义。

有人说香水是一件“看不见的华服”，也有人说“香水是魅力之源”，还有人说“不用香水的女人是没品位的女人”，夏奈尔更果断地宣称：“不用香水的女人是没有未来的女人”。用香水不算难，难的是会用香水；因此，是否懂香水、是否有能力恰到好处地使用香水，直接的结果就是让他人一闻此香，便“识”得了这女人。

香水具有很强的传播性，使用香水不仅要考虑自己的感觉和喜好，还要特别考虑他人的感觉，不相融的气味对人的排斥感，常常大于不和谐的装束和打扮。那么，作为女人们该如何使用香水呢？

1. 应涂抹在合适的位置

香水适宜涂在身体穴位和一些敏感部位，如手腕、耳后、胸口、手臂内侧、大腿内侧、膝后、脚踝，这些部位体温较高，脉动明显，血液循环较快，宜于香气的挥发。

香水不宜使用在汗腺较多的部位，以免香水和汗水混合造成难以接受的气味。

此外，香水也不宜涂抹在暴露的部位，如面部、颈部，以免外界阳光和温度的变化改变香水的纯正气味。

不要将不同系列的香型化妆品混合使用，比如说浓烈的定型美发产品、沐浴液、护肤品、外用药等，使得香味冲突，适得其反。

2. 控制香水的浓度

涂抹香水的浓度是需要恰当控制的，对于经常使用香水的人，感觉香味略微不足正是香水浓度适宜的分量。香水过于浓烈，搞得满屋子都是你的香气，这是不顾及他人的粗俗的表现。

3. 香水的气息应该与你的地位、职业、年龄、个性以及服饰和出席的场合相适应

香气有助于强调这些特性。在职业、社交、休闲运动三大场合中选择香型是有讲究的。职业场合，香气应是知性的、清新的、高雅的、温柔的；在社交场合，香气应是性感的、艳丽的、饱满的、个性的；休闲运动场合，香气自然该是活力充沛、振奋舒畅、清新愉悦的。

4. 一些场合不适宜涂抹香水

葬礼、宗教礼仪、探望病人切忌使用过浓的香水，进餐时也不宜使用浓烈呛人的香水。

5. 使用香水要注意气温的变化

气温增高时，人的嗅觉会变得敏感，香气易于扩散，因此春夏季香水的浓度应低于秋冬季。人的嗅觉功能随着年龄的变化也会发生相应的改变，

年轻女孩嗅觉敏感，适合清新、清爽、浓度低的香水。随着年龄的增加，嗅觉能力渐渐迟缓，可以增加香水的浓度，以此也可与成熟的气韵、讲究的服饰相配合。

6. 好的香水需要好的保养

香水使用后要尽快盖好瓶盖，以免挥发造成浓度的改变，使香味变质。新购买的香水可以放置一段时间再使用，既有了几分愉悦的期待，香气也会变得更加纯正怡人。

7. 香水最好交替使用

因为人对香气是有很强的记忆功能的，不要让某一种香气成为你固定的代表气味，当然如果你执着地迷恋一种香气，也是一种个性。

女孩们，熟练和自如地使用香水，是需要不断体会和积累经验的。香水的个性应与自我的气质浑然一体或相互补充，才能体现出独特的个人魅力，这是使用香水的最高境界。

女孩要懂丝巾的选择与搭配

生活中二十来岁的女孩们，如果你仔细观察，你会发现，那些知礼仪、懂穿着的人通常都会注重配饰的点缀作用，其中就包括丝巾。的确，丝巾在女性服饰搭配中起着举足轻重的作用。同样，使用丝巾，如果你也能注意材质、尺寸、色彩、系法的正确搭配，就能使单调的服装有了画龙点睛之妙。

丝巾的材质有很多，这些都决定了丝巾的手感、质感的不同。具体来说有丝绸丝巾、棉丝巾、毛丝巾、麻丝巾等，而且，不同颜色、材质、形状的丝巾也有不同的搭配方法。为此，你有必要掌握一些丝巾礼仪：

1. 不同脸型的人如何选择丝巾

①长脸型人应选择的丝巾。左右展开的横向系法能让减轻你脸部轮廓较长的感觉。如百合花结、项链结、双头结等。

②圆脸型人应选择的丝巾。圆脸的人在选择丝巾时应将丝巾下垂的部分尽量拉长,强调纵向感,系花结的时候,可选择钻石结、菱形花等,以避免在颈部造成冗赘感。

③四方脸型人应选择的丝巾。这种脸型的人,容易给人缺乏温柔的感觉。系丝巾时尽量做到颈部周围干净利索,并在胸前打出些层次感强的花结,再配以线条简洁的上装,演绎出高贵的气质。

2. 几种常见丝巾打法与适用场合

①成熟优雅的条状结。

适用场合:商务型非正式聚会。

将长条丝巾对折成适当宽度,在颈部一松一紧各绕一圈,尾部交叉打结,调试松紧度达到自然效果。这是简洁中不失靓丽的最佳系法。

②恬静秀美的蝴蝶结。

适用场合:约会和非正式聚会。

将今季流行的小方巾对角折成三角形,露出搭在肩部的两边角,然后在胸前打一个蝴蝶结,展开花形,把结稍稍隐藏。如果想用一个漂亮的丝巾扣作点缀,则应选用长条丝巾,远远看去宛若翩翩起舞的花蝴蝶,更为领子较低的上装起到巧妙的补充作用。

③热情洋溢的包头结。

适用场合:旅游度假和节日聚会。

将丝巾对折成大三角,裹住头部及前额的一部分,两角在颈后交叉打结,再次交叉后系好,整理造型,让秀发同丝带一起自然下垂。

④轻轻缠绕变靓衫。

适用场合:晚宴和酒会。

除了丝巾轻轻缠绕胸间成就一款柔美无比的露背上装外，民族风情的丝巾最适合用来DIY成过膝长裙，两条同种花色的丝巾先左后右分别系在腰间，交错之后便点染出动静皆宜的效果。

妩媚撩人的胸襟结——适用场合：正式晚宴和大型酒会

3. 丝巾与服装搭配大法

素色衣服搭配素色丝巾。可采用同色系对比搭配法，如黑色连衣裙配中性色系丝巾，整体感强，但搭配不慎会造成整体色彩暗淡；也可以采用不同色系的对比色搭配法；另外采用相同颜色、不同质感的搭配方式也很协调。

印花衣服搭配素色丝巾。可挑选衣服印花上的某一个颜色为丝巾色。或者，选择衣服上最明显的一个颜色，用这个颜色的对比色去挑选适合的丝巾。两种方法效果都不错。

衣服和丝巾上都有印花时，搭配的花色要有“主”、“副”之分。如果衣服和丝巾都是有方向性的印花，则丝巾的印花应避免和衣服的印花重复出现，同时也要避免和衣服的条纹、格子同方向。简单条纹或格子的衣服比较适合无方向性的印花丝巾。

素色衣服搭配印花丝巾。最根本的指导原则就是丝巾上至少要有一个颜色和衣服的色彩相同。

①黑白色的外套与丝巾的搭配：不要相信“万能”的黑色，几乎所有人都相信黑色是百搭的颜色。黑色外套配黑色丝巾，如果肤色暗淡反而搭配效果不好。而白色配黑色、红色配黑色最为经典。黑色，白色搭配纯正的黄、绿、紫色丝巾会让你在人群中脱颖而出。

②黄色的衣服与围巾的搭配：藏青色、深绿色、黑白条纹、纯黑色、深红色和深紫色的长巾都是不错的选择，比较时尚。当然还要根据自己的肤色而定。肤色暗淡，建议你用黑白条纹的围巾。白色搭配黄色效果给人清新的层次感。

③橙色大衣与围巾的搭配：橙色大衣配暖色系的围巾。配白色或黑色依然经典，白色是冷色系人的万能配色，与任何一种色彩搭配适合绿色、紫色等，色彩丰富些也可以，也可以是橙色的配深灰色长巾这一混搭，端庄大方。

女孩要懂西式礼服的场合搭配

我们都知道，穿着打扮往往能够反映出一个人的文化素养。现代社会，在不少场合下，年轻女孩们都需要穿着正式，比如，商务谈判、面试等。这需要女孩们掌握正式场合服装的搭配方法，其中就包括西服。我们先来看下面的案例：

清清是一名助理，刚参加工作不久，她的工作内容就是为经理鞍前马后。这不，她刚被通知要陪同经理去意大利参加一个国际会议。她心想，这肯定是一个高规格的会议，一定要重视，不能失礼。

这天晚上，她就把公司的董事长秘书请到家里，然后咨询她一些相关事宜。

"我很快就要出国了，去意大利！我听说准备两套正装，是不是就要准备西装啊？不知道女士西装有什么礼仪，从来没有穿过西装！我不喜欢穿裙子，从小学以来基本上都没穿过裙子！女士西装穿裤子行吗？还有就是买西装的时候，是要去买品牌还是定做？哪种比较好？"

清清一连串的问题让对方听得稀里糊涂，但大致明白的是清清对西服的穿着礼仪不是很清楚，于是，她一点点地向清清解释着。

现实的生活中，可能有不少女孩和故事中的清清一样，因为阅历尚浅不

懂如何搭配西服。为此,你有必要学习一些西服礼仪。

西服本身具有严谨的结构和特有穿着规则,不同于其他便服“入乡随俗”。女性应掌握商务西服套裙穿着的四大禁忌:

1. 一忌:穿着黑色皮裙

在商务场合不能穿黑色皮裙,否则会让人啼笑皆非。因为在外国,只有街头女郎才如此装扮。所以与外国人打交道时,尤其是出访欧美国家时,穿着黑色皮裙绝对不可以。

2. 二忌:裙、鞋、袜不搭配

鞋子应为高跟或半高跟皮鞋,最好是牛皮鞋,大小应相宜。颜色以黑色最为正统。此外,与套裙色彩一致的皮鞋亦可选择。袜子一般为尼龙丝袜或羊毛高统袜或裤袜。颜色宜为单色,有肉色、黑色、浅灰、浅棕等几种常规选择。切勿将健美裤、九分裤等裤装当成长袜来穿。袜口要没入裙内,不可暴露于外。袜子应当完好无损。如果穿一身高档套裙,而袜子却有洞洞,如此就显得极不协调,不够庄重。

当然,这里的不搭配,还包括颜色的不协调。配色是否优美恰当,是否讲究艺术性等,直接关系到西服的穿着效果。

一天,女作家萧红穿了一件红上衣和一条蓝格子的咖啡色的裙子去见鲁迅先生。女作家满以为是一身不俗的打扮,忍不住问鲁迅:“我的衣裳漂不漂亮?”鲁迅稍作打量,不以为然,回答说:“你的裙子配的颜色不对,并不是红上衣不好看,各种颜色都是好看的。红上衣要配红裙子,不然就要配上黑裙子,咖啡色的就不行了。这两种放在一起很混浊。”鲁迅还说:“人瘦不要穿黑衣裳,人胖不要穿白衣裳。脚长的女人一定要穿黑鞋子,脚短的一定要穿白鞋子。方格子的衣裳胖人不能穿,但比横格子的要好。”

在鲁迅看来,如果不根据自身的条件正确地搭配色彩,选择款式,就不美。由此可见,穿衣戴帽,学问大矣!

3.三忌:光脚

光脚不仅显得不够正式,而且会使自己的某些瑕疵见笑于人。与此同时,在国际交往中,穿着裙装,尤其是穿着套裙时不穿袜子,往往还会被人视为故意卖弄风骚,有展示性感之嫌,因此,光脚也是不允许的。

4.四忌:三截腿

所谓三截腿是指,穿半截裙子的时候,穿半截袜子,袜子和裙子中间露一段腿肚子,结果导致裙子一截,袜子一截,腿肚子一截。这种穿法容易使腿显得又粗又短,术语叫做“恶性分割”,在国外往往会被视为是没有教养的妇女的基本特征。

对于休闲西服,相对来说就没有那么多的要求,里面配件荷叶领的衬衫或是圆口T恤都是可以的,一般情况下西服都不太适合配裙装,可根据衣服的颜色来搭配不同的裤装,合身的休闲裤以及直筒料子裤都可以。

第3章

言谈礼仪,女孩口齿伶俐更要表达得体

语言是社会交际最主要的工具之一,是人们表达意愿、交流思想的最快捷和方便的媒介,而语言也是一个人道德情操、文化素养的反映。语言文明看似简单,但要真正做到并非易事。这对于初入社会的二十来岁的女孩来说,要做到在言谈举止间展现自己的良好修养,就要在平时加强学习。你要知道,谈吐与形象兼备,才能共同表现出你的素质、气度和社交水平与风格。

礼貌用语是女孩素质和修养的体现

现代社会，人际交往，我们强调要以礼相待。对于所有二十来岁的女孩来说，从孩提时代起，也许你就会接受师长们这样的教导：与人见面时不要不理睬，而要打招呼问好，如使用“您好”“您早”“早上好”“早”等问候语；对长者、尊者、上级应谦恭地问候；较熟的人要亲切地问候；不太熟的人可热情点头微笑打招呼……这就是人们常说的礼貌，经常说礼貌语，会给人一种彬彬有礼的感觉，我们也总是会对这样的人充满好感。因为通常情况，懂得礼貌的人也会同时具备其他很多品质，比如，真诚、修养好、谈吐优雅等。因此，女孩们，你决不可忽视生活中的那几句礼貌话，以礼待人，把礼貌话说到位，才能让他人看到你的素质和修养，从而对你另眼看待。

小青就职于一家广告公司，负责创意方面的一些工作。最近，公司的创意小组组长即将晋升为创意部的部长，这个创意组长的位子就将空下来。为此，这些部下们纷纷走动起来了，希望他能提携一下。小青自然也不会落后，她认为自己在公司是年轻的新一代，曾经策划的几个创意都被公司高层表扬过，老组长对自己的工作也还是很肯定的。但小青感到奇怪的是，老组长不知道为什么，居然推荐比自己实力稍逊一筹的另外一位同事担任创意组组长。

这天，小青正准备向老组长问清原因，当她准备敲门进去的时候，听到老组长和公司的王主任对话：

“我觉得刘小青的工作能力挺好的，你怎么没推荐他呢？”王主任问。

“她的工作能力我的确是可以肯定，但你发现没，她在公司的人际关系

并不怎么样，这主要在于她太自高自大了，打个比方，平时见到我，她都像没看到似的，从不打招呼。你再看看小张，他不管对谁都客客气气的，公司谁都喜欢和他交往，这个创意组组长，必须得服众啊，不然以后怎么带领大家工作啊。”

“这倒也是，现在的年轻女孩，很多都和刘小青一样，很不懂礼貌啊。”站在门外的小青听完后，懊悔地低下了头。

从这则故事中，我们发现，懂得礼貌用语是我们获得良好人际关系、求人办事成功的前提。

俗话说：“良言一句三冬暖，恶语伤人六月寒。”人际间相处是平常的事，也是一件微妙的事。一张笑脸带着一声问好能带给他人好心情；相反，一句粗话恶语却会破坏人们良好的情绪。坏的情绪和好的情绪都容易传染。

每个二十来岁的女孩，在生活中说话，都要从礼出发，因为懂得礼貌性地说话，是一个人最基本的素质，人们对那些没有素质的人往往采取的都是敬而远之甚至是厌恶的态度。

那么，人际交往中，你该怎样说“礼貌”话呢？

1. 真诚地说话

女孩们，你在说话时的态度和语气极为重要，有的女人谈起话来滔滔不绝，绝不容许他人插嘴，把大家都当成自己的学生；有的女孩为了充分显示自己的伶牙俐齿，总是喜欢用夸张的语气来说话，甚至夸大其词，危言耸听；有的女孩以自己为中心，丝毫不顾他人的喜怒哀乐，成天谈的话题全是显示自己。这些女人常常给人傲慢、放肆、自大、不尊重人的印象，对个人的人际交往百害而无一利。

2. 注意说话的内容

你说话通常是为了与他人沟通思想，要达到这一目的，首先当然必须注意说话的内容，其次也必须注意说话时声音的轻重，这样在说话时必须注意保持与对话者的距离。说话时与人保持适当距离也并非完全出于考虑对方

能否听清自己的说话,另外还存在一个怎样才更合乎礼貌的问题。

从礼仪上说,说话时与对方离得过远,会使对话者误认为你不愿向他表示友好和亲近,这显然是失礼的。然而如果在较近的距离和人交谈,稍有不慎就会把口沫溅在别人脸上,这是最令人讨厌的。因此从礼仪角度来讲一般保持一两个人的距离最为适合。

3. 掌握一些礼貌用语

礼貌用语要文明雅致、措词恳切、热情真挚、口气和蔼、面带微笑,主要有以下几个方面:

问候的用语:早晨好;您早;晚上好;晚安。

答谢的用语:请多关照;承蒙关照;拜托。

赞赏的用语:太好了;真棒;美极了。

挂念的用语:身体好吗;怎么样;还好吧。

理解的用语:太忙了只能如此;深有同感,所见略同。

征询的用语:你有什么事情;需要我帮您做什么;如果您不介意的话,我可以做……吗。

道歉的用语:对不起;请原谅;实在抱歉;真过意不去;完全是我们的错。

常用的客套话:慢走;留步;劳驾;失陪;失敬;久违;久仰;恭喜。

俗话说,“一句话能把人说跳,一句话也能把人说笑。”言语是思想的衣裳,谈吐是行动的羽翼。它可以表现一个人的高雅,也可以表现一个人的粗俗。言谈高雅即行动之稳健;说话轻浮即行动之草率。也就是说,生活中的女孩们,人际交往中,如果你要接通情感的热线,使交际畅通无阻,就应该得体地说好“礼貌话”。谈话中,习惯用礼貌语言,就会让人感到“良言一句三冬暖”,使感情顿时亲切融洽起来。

女孩说话要注意措辞和语调

中国是礼仪之邦，凡事讲“礼”。如果你不讲“礼”，简直就是寸步难行，被人唾弃。“礼多人不怪”，这是古老的中国格言，知礼节，更是对现当代女性的重要要求。生活中的女孩们，在与朋友、同事、领导、长辈们的交往中，如果能做到言之有礼，谈吐文雅，就会给人留下良好的印象；相反，如果满嘴脏话，甚至胡言乱语、恶语伤人，就会令人反感讨厌。哈佛大学前任校长伊立特说过：“在造就一个有教养的人的教育中，有一种训练是必不可少的，那就是，优美而文雅的谈吐。”

女性谈吐有礼的其中一个重要要求就是说话柔声细语，然而现实生活中，总是有一些女孩，她们衣着光鲜、容貌姣好，但一开口，简直是连珠炮，让人招架不住，让人生厌。相反，那些轻轻说话的女孩，总是能让人的耳朵产生审美愉悦感。

我们来看下面这则动人的爱情故事：

那时候，刘明在家乡的一个地产公司上班，负责一些行政工作。在他进公司后的半年，他对面那个空位上突然出现了一个女孩：她长得算不上漂亮，皮肤甚至有点黑，眼睛也不大，但很文静。她是刘明的新同事，尽管刘明抬头就能看到她，但是说话并不多。

午休的时候，同事们经常凑在一起聊天，她有时也会参与其中，说得不多，却总是一脸认真。刘明则坐在一旁，有时说上三言两语，品评人物与时事，以及一些文学作品，每次都发现她很小心地听，眼睛盯着他，那眼神似乎有点儿复杂，说不清，但刘明确定她有一点儿崇拜他，这让他有点儿暗自高兴。

有一天下班了，她怯生生地问刘明一个案子的策划问题，声音细细的，柔柔的，刘明心想她的声音真好听，像音乐一样……正想着，忽然又听她说："是不太方便吗？要不就算了。"听到这儿，刘明才回过神来，忙答应道："没什么不方便啊，你先等会儿，我先看看关于这案子的资料。"她如释重负。

而后来，刘明因为家里关系辞职去了北京，他和这个姑娘几乎没怎么联系，只是偶尔发发短信。但刘明从没忘记这个声音甜美的女孩。"非典"那年，刘明突然想给她打电话，说他回来了。她惊喜得声音都变了："你真的回来了！我要见你！"刘明犹豫了一下，答应了。那时候，各地把"非典"之可怕传得耸人听闻，他刚从北京回来，除了家人，所有人对他都避而不见。

见面时，刘明问她："你不怕我身上有病菌传染你?"她柔声道："怕。但你回来了，我想见你。"刘明心里很感动，他明白她的心思。他们并肩散步，过马路的时候，忽然来了一辆车，他揽过她的肩，把她让到了另一边。她只是看了看他，没有说话，但她的眼神里多了一丝甜蜜和喜悦。

然后，刘明大胆地牵了她的手，她要挣脱，但是刘明抓得更紧了。刘明就这样一直拉着她的手，再没有松开，直到她嫁给他，成为他的妻子。

"柔情似水，佳期如梦。"多么迷人的爱情故事。对男人来说，温柔是酒，只饮一滴，就可回味一生。温柔的女孩最美丽、最动人。最可爱。作为女人，你可以没有迷人的脸庞，可以没有苗条的身材，但你必须懂得温柔，懂得柔声细语地说话。

因此，生活中的年轻女孩们，你若想成为他人眼中优雅的女性，在社交中，不仅要注意仪表，更要注重谈吐举止，如果你习惯了大声说话，你最好掌握控制音音量的方法。

对于高分贝的声音，物理学上称之为噪声，强调它对人的心灵产生的污染作用。在生活中，一个人的说话声音过大，就会让人产生反感，认为是装

腔作势或者是色厉内荏。但是音量太小的声音也未必能够引起人们的喜欢,听起来过于费劲,又让人可怜,觉得你是一个怯弱的人。由于听者所处的远近不同,谈话者所处的环境各异,因此要注意找到与不同场合相适应的音量,以让人听得清楚而又不产生厌烦心情为原则。

总之,女孩们,与人交流时,谈话的内容要简明扼要,语言要准确、精练、通俗易懂,还要咬字清晰,音量要适度,以对方听清楚为准,切忌大声说话;语调要平稳,尽量不用或少用语气词,使听者感到亲切自然。

尖酸刻薄的女孩没人喜欢

中国是个宽容大度的民族,宽以待人也一直被人们奉为至高的行事准则。现代社交中,它仍然十分有用。作为一个二十来岁的年轻女人,与人交往,如果待人真诚、和善、大方,谈吐文雅,就会给人留下良好的印象。然而现实生活中,总是有一些女孩,她们衣着光鲜、容貌姣好,但却不讲“礼”,得理不饶人,一旦发现他人的失误,便抓住不放,满嘴脏话、尖酸刻薄,让人生厌,又有谁愿意与这样的女孩交往呢?

不得不说,在我们生活中,不少女孩不曾把谈话当作一门艺术,她们没有意识到谦逊的说话礼仪在工作中的重要性,更没有在语言上谈吐上历练自己,她们说话,宁肯随便用粗俗的语句,而不肯“三思”而后言,同一种含义,她们却不能用文雅、优美的语言表达出来。

的确,那些广结善缘的女人多半都是大度的、修养好的,而那些尖酸刻薄的女人常常孤立无援。

伊娃是个“犀利”甚至可以说是尖酸刻薄的女人,她平时不大开口,但一

开口，绝对能将与之对话的人说得不知如何应付。虽然她很优秀，但她的人缘确实不大好，因为谁也不希望与一个尖酸刻薄的女人打交道。而正是因为她的尖酸刻薄，也让她几次与好工作擦肩而过。

那天，伊娃来到某公司面试，因为还没有轮到自己，她就去了趟洗手间，要洗手时才发现没有洗手用的香皂。她看见隔壁放着一块，但正好有一位老妇人在用，伊娃原本准备等等，但老妇人洗得实在太慢了，伊娃就说："麻烦你快点儿行不行？"

老妇人说："你没看见我在用吗？"

"一个老太太，再洗也就那样，还能洗回18岁？"伊娃赶紧回嘴。她看到，老妇人眼睛都绿了，她赶紧抢过来香皂，洗完就出去了。

可事实上，伊娃正是因为如此，才失去了面试资格。因为这位老妇人正是这家公司的董事长——一个很注重修养的人，她认为，一个对老人都如此尖酸刻薄的人，能有什么大出息？

伊娃失去面试资格，就是因为她太过尖酸刻薄了。假如她在洗手前把话说得好听点儿："对不起，让我先用一下好吗。"恐怕，最终的结果将会大为改观。由此可见，尖酸刻薄的女人是最让人生厌的。

女人的品质来自修养，一个有修养的女人，总能在别人心中留下一个心胸宽广的形象，那么，生活中的女孩们，如果你不想被人讨厌，就一定要做到大度、真诚、宽容，而不是尖酸刻薄。具体说来，你需要做到：

1. 热情待人

热情是刻薄的天敌，与人交往，良好印象的形成中，热情是第一个被对方感知到的品质，这也是人际交往中的心理规则。因为人们总是有这样的感觉，那些热情的人肯定会有一些其他良好的品质，如有爱心，乐于助人，对生活保持乐观态度，容易接近等，而这些都是人们在交往中希望看到的。

2. 真诚

与人交往，赢得信任的最基础条件是真诚，一个人只要真诚，总能打动

人，真诚是沟通人与人心灵之间的桥梁。真诚是一种巨大的人格力量，一旦具备了真诚的人格品质，你在别人印象中就与信用、善良、美德结缘。

3. 态度诚恳、亲切

女性的尖酸刻薄多半都体现在语言上。说话的根本目的本身就在于传达思想、交流感情，与人建立关系等。因此，语言只是一个表达方式，你除了要注意语言外，还要注意说话时的神态、表情。例如，当别人心情不好，你向别人表示安慰时，嘴上表示的是你的关心，但眼神却游离不定等，那对方一定认为你只是在敷衍而已。所以，说话必须做到态度诚恳和亲切，才能使对方对你的说话产生表里一致的印象。

4. 用语谦逊、文雅

你要学会多用这样一些礼貌用语：您好、谢谢、请、对不起、别客气、再见、请多关照，等等。运用礼貌语，还要注意仪表神态的美，当你向别人询问时，态度尤其要谦恭，挺胸腆肚，直呼其名，或用鄙称，必遭人冷眼，吃"闭门羹"。

总之，女孩们，从现在开始，与人交往，一定要呈现出自己最好的品质，绝不做尖酸刻薄的女人。

女孩要拥有悦耳动听的声音

古希腊哲学家苏格拉底说："请开口说话，我才能看清你。"人的声音是个性的表达，声音来自人体内在，是一种内在的剖白。现代社会的年轻女孩们，要想开口就能让人产生审美愉悦，就要懂得给自己的声音"美美容"。要知道，如果你在说话时音质出现了缺陷，那么你说话的效果就会让我们的口

才大打折扣。

在波兰，有位被人称为摩契斯卡夫人的女明星。

有一次，她到美国演出，当时，台下的观众兴致正高，就请求她用波兰语讲台词。于是她站起来，开始用流畅的波兰语念出台词。观众们虽然不了解她台词中的意义，却觉得听起来非常愉快。

摩契斯卡夫人接着往下念后，语调渐渐转为低沉，最后在慷慨激昂、悲怆万分时戛然而止。台下的观众鸦雀无声，同她一起沉浸在悲伤之中。而这时，台下传来一个男人的笑声，他就是摩契斯卡夫人的丈夫——波兰的摩契斯卡伯爵，因为他的夫人刚刚用波兰语背诵的是九九乘法表！

从这个故事中我们可以看到，语调竟然有如此魅力。如果我们能巧妙地利用语调，即使听众不明白你演说的具体含义，也可以使之感动，甚至可以完全控制对方的情绪。

生活中的女孩们，可能你也羡慕那些有着完美音质的女性，觉得她们的声音是自然天成。其实，那些声音中充满了美感的女人，并非是在口才上有着高人一等的天赋，而是经过了不断的努力取得的成就。打一个不恰当的比方：人们常说“这个世界上并没有丑女人，只有懒女人”，意在说明打扮的重要性。其实，需要打扮的并不只是容貌，你的声音也需要经过一个长时间的美容过程。可能你常常为了拥有健美的身材而刻意锻炼自己，同样的，也应该为了一个美妙的声音也要付出一定的努力。为了能够达到理想中的声音效果，你不妨从以下几个方面入手。

1. 选择适合的音调

一般情况下，不疾不缓的速度，中等的声音能够给人一种亲切自然和自信的感觉；过高的分贝过快的语速就会显得说话的人性格过于急躁，心无城府，过于幼稚和偏执。会让人产生厌恶的情绪；说话的声音过低，语速缓慢，这样的人就可能是没有自信，优柔寡断，看待事情比较悲观，处理事情畏首畏尾，放不开手脚，能够让人引起审美的疲劳；一个人的语调反映出一个人

的内心世界、情感和态度。

因此,在谈论一个话题的时候,都要保持说话的语调与内容相符合。比如在讲述故事的时候可以选择娓娓道来的形式,表达决心的时候可以气运丹田让声音显得浑厚而又响亮。要想做到音调合适,还需注意以下细节:

说话干脆利落,不拖泥带水。

劝说他人的时候要诚恳委婉,不能用命令的口吻。

传递信息的时候,要准确完善,不能遗漏和误传。

发起倡导的时候适当提高分贝,使语言增加力度。

2. 选择适合自己的音色

世界上每个人都有着和别人不同的面孔,每个人的音色也是不尽相同。既然属于声音“颜色”的范围,更需要美化和加工。无论嘹亮或低沉,还是单一和浑厚,都要选择让自己和他人都满意的音色来。当和朋友谈话的时候,切忌声音的大起大落,以免别人的心理无法承受这急剧的变化,从而产生对你的厌恶之情。你可以选择故意地降低或提高声调,但是应该有一个让别人接受的准绳和底线。说话的关键是发音,哪怕谈论的内容是长篇的大论,但都是由一个个词语衔接而成,将这一个个元素贯穿为一体又同时产生变化的,就是适当的重音和语调。音色就像一篇文章中的修辞,起着十分重要的作用。

3. 自信、愉快的笑声

身体语言中最重要的就是一定要微笑。如果你是一个内向、冷漠的人,不妨经常抽出一些时间来对着镜子笑一笑,早上起床时也可以对着镜子笑一笑,逐渐使自己的面部表情丰富一些。

4. 说话做到声情并茂

古人说生于情发于声,就是强调说话时要注意感情的因素,声音只是传递的工具,它的源头却是人的内心的情感。声音、语调、词汇等元素都是为

感情服务的。如果声音失去了感情的依托，就会变得空洞僵硬，犹如失去了水源的枯木，毫无生气可言。因此在说话的时候，要注意用感情去感染和打动他人，只有充满感情的文章才是好文章，也只有充满感情的谈话才是成功的谈话。

总之，生活中的女孩们，你也要练就富有感染力的声音，从以上几点努力，你的声音也会变得富有磁性、悦耳动听！

女孩别轻易开黑色玩笑

生活中，我们每个人都会开一点玩笑，因为玩笑开得好，不仅能增进人与人之间的关系，也是语言智慧的一个重要方面。日常聊天中，会开玩笑的女人更受人欢迎，因为她们总是能适时调节气氛。的确，开个得体的玩笑，可以松弛神经，联络感情，活跃气氛。但每个初入社会的女孩都要明白，开玩笑并不是毫无原则可讲的，黑色玩笑开不得。学会掌握分寸地说话，是谈吐礼仪的重要方面。

刘艳是个机智灵活的女孩，上学的时候就因为开朗活泼、言辞幽默得到老师的喜欢，参加工作后更是因为总能逗大家开心，成了大家口中的“开心果”，身边更不乏朋友。她毕竟是大学毕业，在后勤部门已经一年多了，照说也该有变动，可是不知道为什么，就是没有升职。后来，她四处询问，才知道自己原来是不小心得罪了领导。看来还是喜欢开玩笑的毛病害了自己。

有一天，后勤部张主任穿了身新衣服来上班，灰西装、灰衬衫、灰裤子、灰领带。同事都没有说话，都在工作着，偏偏好动的刘艳看见了进来的张主

任，于是高声地喊着："哎呀，穿新衣服了？"张主任本身就害怕，怕她对自己指指点点，听了只是咧嘴一笑，没想到刘艳还没"放过"张主任，接着捂着嘴笑："哈哈，像只灰耗子！"张主任听完，脸色发青，什么都没说，就径直去了办公室。

由于接连开过火的玩笑，张主任根本不愿意接触刘艳，以至于刘艳无法与领导经常沟通交流，工作开展得也很不顺利。三年一直在公司底层也是情理之中的事情，尽管刘艳一直努力、认真地工作着。

案例中，刘艳开的是个黑色玩笑。有点儿过火了，领导穿了新衣服，的确可以评价一下，但不能把领导比作"耗子"，这无疑是贬损了领导的人格和尊严，让领导颜面尽失。当然，刘艳开这个玩笑是无心的，但在领导听起来，却不高兴了。如果刘艳换一种评价的方式，比如说："您今天这身新衣服真显气质！"那恐怕张主任对刘艳又是另一种看法了。可见，开玩笑也要讲究分寸，如果玩笑开得不好，不仅达不到聊天的本来目的，还可能适得其反，伤害彼此的感情。

的确，开玩笑本来是一种调解谈话气氛的良好方式，但如果使对方太难堪了，就并非开玩笑之道。你笑你的同学考试不及格，笑你的朋友怕老婆，笑你的亲戚做生意上了当而亏本，笑你的同伴在走路时跌了跤……这些都是需要同情的事件，你却拿来取笑，不仅会使对方下不了台，而且还表现出你的冷酷。

同样，也不可拿别人生理上的缺陷来做你开玩笑的资料，如斜眼、麻面、跛足、驼背等，别人不幸的，你应该给予同情才是。如果聊天的人中，有一位在生理上有缺陷，那么在谈话中，最要避免易使人联想到缺陷方面去的笑话。

每个人都想掩饰自己的缺点，发扬自己的优点，女人更是如此。女人应该是最了解女人的，何不在语言上多加修饰一番，在话没说出口之前稍微停顿一下，自己先咀嚼咀嚼，若是别人这样说你，你会有怎样的反应，设身处地

地为别人着想，你会成为一个受人欢迎和尊敬的人。

因此，率直的女孩们，可能有时候你脱口而出的一句话，虽然短短几个字，在别人听来却可能暗含他意，尤其是女性之间说话，更容易产生不明的误解。一方面因为女人本身就敏感多疑；另一方面话中有话是很多女人喜欢使用的把戏，这样与人交谈，未免太累了。

可见，在与朋友或同事聊天时适当开几句玩笑，能增进彼此间的感情。但是，开玩笑也要注意一些问题：

1. 开玩笑要分层次

与关系亲密的人、关系一般的人、来往较少的人，开玩笑时都要分清层次。

2. 开玩笑要善意

不能为了愚弄别人而搞恶作剧，否则玩笑就会变成对对方的伤害，甚至形成心理阴影。

3. 开玩笑要看对方的性格

如果对方是个事事较真的人，最好不要开玩笑。

4. 开玩笑要选择适当的时机

不要在对方忙得不可开交或心情抑郁时开过分的玩笑。

5. 开玩笑还要注意对方的职业

在医药行业，你在对方的抽屉里放一只假臂可能都不过分；但在法律行业，可能你在某人屁股底下放一个“吱吱”作响的坐垫，就已经是极限了。

掌握以上几个要点，能帮助你拿捏好玩笑的分寸，以使交谈双方在玩笑中增加感情！

女孩儿嘴甜才招人喜欢

我们知道，人人都长着一双爱听赞美之言的耳朵，任何人都无法拒绝赞美，即使是那些仁人志士与君子，正如卢梭说："贤人哲士是绝对不追求运气的，然而对赞誉和激励却不能无动于衷。"在日常交往中，人人需要赞美，人人也喜欢被赞美。真诚的赞美不但会使被赞美者产生心理上的愉悦，还可以促进人际关系的和谐。

生活中的女孩们，也应该认识到赞美的力量，无论是工作还是生活中，你都需要赞美，赞美是认可别人能力和价值的表现。可见，如果你想搞好与他人之间的关系，就需要多去发现别人的优点、成绩，而不能只看到自己的优点。

我们不难发现，在我们生活的周围，那些嘴甜的女孩总是更受人欢迎。的确，当一个人听到别人的恭维话时，心中总是非常高兴，脸上堆满笑容，口里连说："哪里，我没那么好"，"你真是很会讲话！"赞美虽是一件好事，但绝不是一件易事。

女孩们，你需要在记住的是，人们都喜欢赞美，但不喜欢被人虚情假意地奉承。因此，赞美别人时如不审时度势，不掌握一定的赞美技巧，即使你是真诚的，也会变好事为坏事。所以，赞美的话不是随便说的，一定要有的放矢，说到对方的心坎上才能起到作用。

小小是一名打字员，她所在公司的经理是个阴晴不定的女人，在工作中也夸奖过下属，但却来路不明，让很多同事不明就里，小小就是因为曾经被她表扬而不知所措。

有一天，小小刚走进办公室，恰遇上总经理，总经理称赞她“是一名优秀的职员”，小小还以为自己的努力被经理看到了。但事实上，过了一会儿，女经理就问一份错误的报告是谁打的，小小主动承认了自己的失误。而下班时，女经理又赞扬她“你工作得很好”。这些都使小小感到很困惑。接下来的几天，小小都受到了女经理这种莫名其妙的表扬。在几经折腾下，小小一纸辞呈，离开了公司。

在这个事例中，这位女经理深知赞扬对员工的作用，但她却不知道赞美的方式方法，让员工小小陷入了困惑而辞职。

因此，生活中的每一个女孩，都应该从这则案例中获得启示。一般来说，相对于男性来说，女性更善于说他人喜欢听的话，但你还需要注意，运用赞美的语言来达到我们的目的，我们还必须要注意一些问题，凭空的、空泛的赞美谁都会，仅仅是几句好话而已，但这起不到赞美的作用，反而还会弄巧成拙。

那么，怎样才能将赞美的话说到对方的心坎上呢？

1. 态度要真诚

赞扬的目的是激励，是褒扬真善美。抱有某种不可告人的目的，以溢美不实之词，极尽吹捧逢迎，只会引起别人的反感。比如，当对方恰逢情绪特别低落，或者有其他不顺心的事情，过分地赞美往往让对方觉得不真实，此时一定要注重对方的感受。

2. 赞美对方最引以为豪的成就

赞美必须选对“点”，因此，我们在赞美他人的时候，要始终不忘赞美对方最自豪的成就。

3. 从细节赞美

空洞的、泛泛而谈的赞美只会让对方怀疑你赞美的真实性，而从细节上赞美，更有力、更真实，更能让对方感觉快乐。比如，你想赞美对方今天的衣服好看，你可以说：“我觉得这种款式的衣服衬得你的身材更好了。”

4. 措辞一定要准确、得当

在赞扬别人时，语言不要含糊不清，如果你拿捏不准用什么词赞扬对方，还不如保持沉默，因为那些含糊的赞扬往往比侮辱性的言辞还要糟糕。诸如“嗯，还行”“挺好”和“没那么糟”，只会让对方觉得你很讨厌。

5. 别一味地赞美

适量的赞美，会让对方听着很舒服，也会很受用，可是，过量的赞美，则会显得做作和虚伪，所以，抓住重点赞美，避免赞美之言泛滥，也是我们在赞美他人时应该注意的。

可见，赞美他人需要技巧，不是简单地夸赞他人几句就能起到良好的效果，胡乱吹捧也只会适得其反。同时，赞扬还应该把握度，不能太过火，只有适度的赞扬才会使人心情舒畅，否则就会使人感到难堪、反感或觉得你在拍马屁。

“谢谢”是最有用的词语

生活中的每一个二十来岁的女孩，相信在你成长的路上，总会被身边的长辈教导——做人要懂得感恩，的确，在人生路上，我们所有人，也包括女孩们，无时无刻不在接受他人的帮助，接受他人的恩惠，自打我们出生，父母就在孜孜不倦地哺育我们，教我们做人做事的道理；跨入校门，我们的老师就无怨无悔地把毕生所学传授给我们；当我们恋爱以后，又得到了爱人的疼爱；遇到困难，同事们也总是伸出了援助的双手……我们需要报答的人太多。事实上，作为女性，你需要别人帮助的时候就更多。因此，如果你想心存感恩，那么，就请表达出来。表面上看，这只是一个简单的口头词汇，但从

心理学的角度看，人们对那些彬彬有礼、懂得感恩的女人更有好感，也更愿意与她们打交道。

“谢谢”是字典里最富有魅力的词汇。人世间很多词语会在出口的瞬间引发争端和祸乱，然而“谢谢”不会。这个魔力非常的词语表述了说话人此刻千头万绪、杂乱难理的心情。有的女孩认为“大恩不言谢”，不愿意说“谢谢”，她们认为对方和自己的关系实在是太不一般，说了“谢谢”似乎就是玷污了这段感情，“谢谢”只是适用于陌生人之间。其实事实并不是这样。多么铁的关系也需要你用心去维护，用爱去打理。所有人都希望自己的努力换来的是感恩和回报，没有人愿意和一个不懂得感激别人的人生活在一起。

“谢谢”一词如此简单，简单到被很多女孩忽略的程度。从而导致她们在与人相处中错失了很多段的好情谊、好姻缘。虽然对别人表达感激之情不是什么难事儿，但却是现代礼仪的重要内容，为此，在表达感谢时，你不妨注意以下几点：

1. 真诚表达

谁也不喜欢听到毫无诚意的感谢，甚至还会厌恶。无论什么时候都请记住：道谢不是一个表面工程，它需要你从内心深处去感激。真心实意地去表达感谢才会令对方感动、欣慰，才能使你们的友谊地久天长。

2. 眼神专注

要想真正用感谢的话打动对方，你还需要在说“谢谢”的时候注视着对方的眼睛。其实不只是道谢，说任何话的时候都应该注视着对方的眼睛，眼睛是心灵的窗户，注视着他的眼睛才能和他有心灵上的交汇和沟通，让对方深深地感到你对他的谢意，同是发自内心深处的声音，真实不造作。

3. 表达要自然，而且要称呼着对方的名字说“谢谢”

既然是来表示感谢，说话语言就一定要大方得体、诚恳坦率，不要扭扭捏捏的一副羞涩的样子。如果你说“谢谢”的时候态度不大方，很容易引起对方误会：这到底是感谢我来了，还是讽刺我来了？明明很好的一件事情被态度搞砸了。另外,感谢时一定要称呼对方的名字。这点大家可能都没怎么注意过,如果有人说“谢谢你”和“谢谢你,小张”,你会觉得哪句好一些呢?显然是第二句更具有亲和力吧。称呼对方的名字能让对方全身心地感觉到你是在感谢他而不是别人,因此也能唤起对方心灵深处那种自豪感,在你记住他的同时,他也记住了你,这就是一个人脉资源规划的良好开端。

4.表示回报的感谢要有具体环境做依托

朋友帮了你一个大忙,同事为你介绍了一位新客户,这些都是值得你感激并且要及时表示感谢的地方。既然受人恩惠,当然要记得回报,尽管对方并不是冲着要你报答才来帮助你的,但话说“投我以木桃,报之以琼瑶”,知恩图报是最上乘的美德。当朋友或同事明明需要你的帮助而羞于开口时,你一定要积极主动地帮忙,就像他们帮你时那样。此时为了维护他们的自尊,你完全可以不说透:“这件事我正好熟悉,不然也帮不上什么忙……”或者“上次的事情多亏了你,否则我都不知道该怎么办才好。”总之,感谢一定要言之有物,握着对方的手一个劲儿地说“谢谢”,会把对方弄得一头雾水,而且达不到感谢的目的。

除了上述观点外,还需要注意的是,如果你为了表达对异性的感谢而想要邀请对方共进晚餐的话,对方若是有配偶就一定要把配偶也邀请上。

哪位妻子都不愿意自己的丈夫去和别的女人吃饭,哪怕这个妻子再贤良淑德,这种负面情绪还是会不可阻挡地产生,从而影响到家庭的和睦。女人不要因为表达感谢而影响了人家的家庭氛围,否则这样的感谢就更像是一场阴谋了!

事实上,会说“谢谢”的女孩通常会给人一种正直、大方的感觉,相信当对方听到你的道谢时,心里都是很喜悦的,因为他们不仅仅受到了赞美,更重要的是自身的价值得到了肯定,自身的修养得到了升华。所以请聪明的女孩们把你心中的感激表达出来吧!只有把“谢谢”诉诸语言,才会让对方知晓你的心,也才会让你的形象在对方心里永不褪色!

女孩要懂得婉拒他人的技巧

生活中，没有人喜欢被拒绝。同样，天性温柔善良的女孩更会在拒绝别人时很容易发生一些心理障碍。尤其是对于那些初入社会的二十来岁的女孩们，你是否曾经为以下事情伤脑筋：一个你曾经认识的人，他品行不良，但非要和你借钱，你深知，如果钱借给他，就等于肉包子打狗——有去无回；或者一个熟识的生意人向你兜售物品，明知吃亏也会买下；或者你的患难朋友，曾在你最困难的时候帮过你，现在有求于你，而你心有余而力不足，但他不相信，认为是你忘恩负义，故意不帮助他……遇到这些问题，你该怎么办？要记住，你不是神仙，也不能呼风唤雨，有求必应，该拒绝的，就必须要拒绝。如果不好意思当场拒绝，轻易承诺了自己不能、不愿或不必履行的职责，事办不成，以后你会更加难堪。

当然，的确，拒绝就意味着将对方拒之门外，拒绝了对方的一片“好意”，有时会让对方很难堪。而如果我们能根据不同的场合和对象进行考虑，选择恰当的方法、以情动人地说出自己的理由，或者为对方寻求更好的解决方法，那么，即使是拒绝，对方也会感觉到你的情义。

刘小姐是公司的一名小领导，员工的工作她必须指导，上级领导的工作她也不能推卸，因此，她常常忙得焦头烂额。最近，她负责一项权责以外的工作，弄得头昏脑涨。因为是第一次经手工作，不明白的地方很多，所以常在思考上花费很多时间，导致工作进度很慢。偏偏在这个时候，上司又要求她去参加拓展业务的研讨会。

刘小姐不自觉地就用比较强烈的口气拒绝说：“不行啊，我现在根本就

没时间参加什么研讨会。”

上司听后，似乎心头也起了一把火，很不满地说：“好吧，那从此以后就不再麻烦你了！”

显然，刘小姐在言辞上有不妥之处。遇到这样的情况，首先要先将上司的请求当作指示、命令。一道命令下来，就没有拒绝的余地。在这种背景下，如果不留余地地拒绝，上司肯定会发火，而且也让上司的面子很挂不住。这个时候，你可以先说明一下自己的处境。一般来说，如果将自己的难处真切地说出来，上司是能体谅并且接受你的拒绝的。

生活中的女孩们，在遇到一些必须要拒绝的情况时，你是如何拒绝他人的呢？的确，在拒绝他人时，我们有时会觉得不便说“不”，便随便找些理由来搪塞对方，以求得一时的解脱。但这个方法并不高明，因为对方仍可能会找理由与你纠缠下去，直到你答应为止。比如你不想答应帮他做事，推托说：“今天我没有时间。”他可能会说：“那没有关系，你明天再帮我做好了，事情就拜托你了。”此时，你可能很难再用其他借口推辞了。因为这些都是小小的谎言，一经反驳，你肯定会感到慌乱，说“不”的意志便很难坚持了。实际上，你不妨直接采取转换话题的方法，对对方的问题不予直接回答。

事实上，我们拒绝他人的原因是多种多样的，或是力不能及，或是爱莫能助，等等。如果你不想因为拒绝而搞坏你与对方的关系，那么，就不妨在你拒绝的语言中加入点情感的因素，但要注意做到以下几点：

1. 语气平缓

除非是那些公认的无理要求，否则，你应当尽量语气平缓地拒绝，以免伤害对方的感情。

2. 态度真诚

的确，我们之所以拒绝对方，多半是因为我们实在无能为力，而表明难处，也是为了减轻双方的心理负担，并非玩弄“技巧”来捉弄对方。因此，拒

绝他人，态度一定要委婉、真诚，特别是上级对下级的拒绝、地位高者对地位低者的拒绝等，更应注意自己说话的态度，不可盛气凌人，要以同情的态度、关切的口吻讲述理由，争取他们的谅解。而在结束交谈的时候，还应再次表明歉意，热情相送。

3. 表达你的无奈

用真诚的陈述告诉对方，自己因为哪些原因而不能帮他，是帮不了或不便帮，而非不愿帮。

4. 表达你的关心

为此，你需要向对方传递一个信息——“你虽帮不了他，但你还是为他遇到的问题感觉着急，并在内心里希望他能解决这个问题”，而非“事不关己，高高挂起”之意。

5. 如果可以，尽量为对方提供一些建议或者解决问题的方法

对于一些你自己帮不了，但你又确实给出通过其他途径能达成问题解决这一目标的时候，你要站在对方的角度，围绕问题本身帮他找解决办法，并给出你的建议供他参考。只要你的建议质量越高，对方在没能得到你亲自帮助的前提下，同样会对你心生感激之情的，至少不会怀疑你对他的情谊。

交际场合，女孩要会打圆场

我们都知道，相对于男性来说，女性更细腻，她们往往更能捕捉到人际交往中气氛的转变。因此，女性一般更贴心，更懂得兼顾交际场合所有人的情绪。

我们发现，在我们生活的周围，一些女孩，年纪轻轻，便懂得察言观色，面对尴尬场景，她们三言两语便帮对方夺回面子。打圆场其实也是一门学问，有些会打圆场的女孩，几句话就将剑拔弩张的紧张气氛说缓和了，双方之间也会握手言和。不会打圆场，只会让事情越变越糟，甚至是双方之间的矛盾因为打圆场者的参与，变得更加的不可调和。为此，聪明的女孩们，你也应该仔细研修这方面的学问，会打圆场，朋友才会更多，邻里之间才会更加的协调，同事之间才会更加的太平，和上司之间的关系才会更加默契，也才能因此而得到上司的赏识和提拔。

三个女孩子雯雯、李丽还有小晴她们决定周末的时候一起去书店买书，她们约好周日的早上大家在书城碰面。九点的时候李丽还有小晴准时到达书城，她们见雯雯还没有出现，就一起走进了书城的里面，没想到她们在里面看见了雯雯。李丽是个急性子，看见了雯雯气就不打一处来了，责备雯雯道："我们在外面等你等了半个多小时，外面天寒地冻的，你倒好，自己一个人进来就溜达上了，不记得我们了，是吧？"雯雯听了也急了："我八点五十就来了，一直在里面等你们，外面天寒地冻的，我总不能在外面傻等吧。"两个人各说各的理，谁也不让谁。这时小晴走过来，说道："其实这都是误会，你们谁也不想耽误对方的时间。"她转身对雯雯说道："今天李丽穿的比较少，在外面又等了那么久，她向你抱怨两句也是情有可原的。"雯雯很愧疚地点了点头。这时小晴又对李丽说道："人家雯雯也没有违约，比我们还早到十分钟呢。都怪一开始的时候，我们没有约定好见面的地点，这次就长教训了，以后一定要约好见面的地点。"雯雯和李丽听了小晴的话，都觉得很有道理，于是她们就向对方表示了自己的歉意，三个人高高兴兴地去买书了。

案例中的小晴就是个善于打圆场的女孩。不得不说，现实生活中，一个经常打圆场的女人容易得到别人的好感，容易提升自己的个人魅力。女人在生活上不仅可以为家庭、为朋友、为邻居们打圆场，在职场上可以为上司、为同事、为客户打圆场。打圆场不是和稀泥，越搅越混，而是为了达到息事

宁人的结果。

善于打圆场的女孩应变能力特别强,她们能在第一时间想出应对矛盾的良药,想到最好的不伤害任何一方的圆和话,将双方说的气都消下来,心都静下来,然后就是你好我好大家好的和谐场面。

具体说来,你可以这样打圆场:

1. 找个借口,给对方台阶下

有些人之所以在交际活动中陷入窘境,常常是因为他们在特定的场合做出了不合时宜或不合情理的行为,于是就进一步造成整个局面的尴尬和难堪。在这种情形下,最行之有效的打圆场的方法,莫过于换一个角度或找一个借口,以合情合理的解释来证明对方有悖常理的举动在此情此景中是正当、无可厚非和合理的,这样一来,对方的尴尬解除了,正常的人际关系也能得以继续下去了。而我们在无形中也多交了一个朋友。

2. 审时度势,让各方都满意

有时在某种场合中,当交际双方因彼此不满意对方的看法而争执不休时,很难说谁对谁错,作为调解者应该理解争执双方此时的心理和情绪,不要厚此薄彼,以免加深双方的差异,并对双方的优势和价值都予以肯定,在一定程度上来满足他们的自我实现心理,在这个基础上,再拿出双方都能接受的建设性意见,这样就容易为双方所接受。

3. 侧面点拨

即不作直言相告,而是从侧面委婉地点拨对方,使其明白自己的不满,打消失当的念头。这一技巧通常借助于问句的形式表达出来。

4. 转移话题,避开争端

当尴尬或僵局出现时,有些人由于情绪上的冲动,往往会在一些问题上互不相让。在打圆场时,不妨岔开他们的话题,转移他们的注意力。

在交际场合中,如果某个较为严肃、敏感的问题弄得交谈双方都很对立,甚至阻碍交谈正常顺利进行时,你可以暂时让它回避一下,通过转移话

题，用一些轻松、愉快的话题来活跃气氛，转移双方的注意力，或者通过幽默的话语将严肃的话题淡化，使原来僵持的场面重新活跃起来，从而缓和尴尬的局面。

如朋友之间为了某个问题争得面红耳赤，僵持不下时，可以适时说一句“要把这个问题争得明白，比国家足球队赢球还难”；或者说一个笑话，让双方的情绪平缓下来，在轻松的气氛中让尴尬消失殆尽，使交际活动得以顺利进行。

总之，打圆场是一种语言艺术，每个初入社会的女孩都应该掌握这门艺术，你必须从善意的角度出发，以特定的话语去缓和紧张气氛，调节人际关系，以使得在交际场合左右逢源。

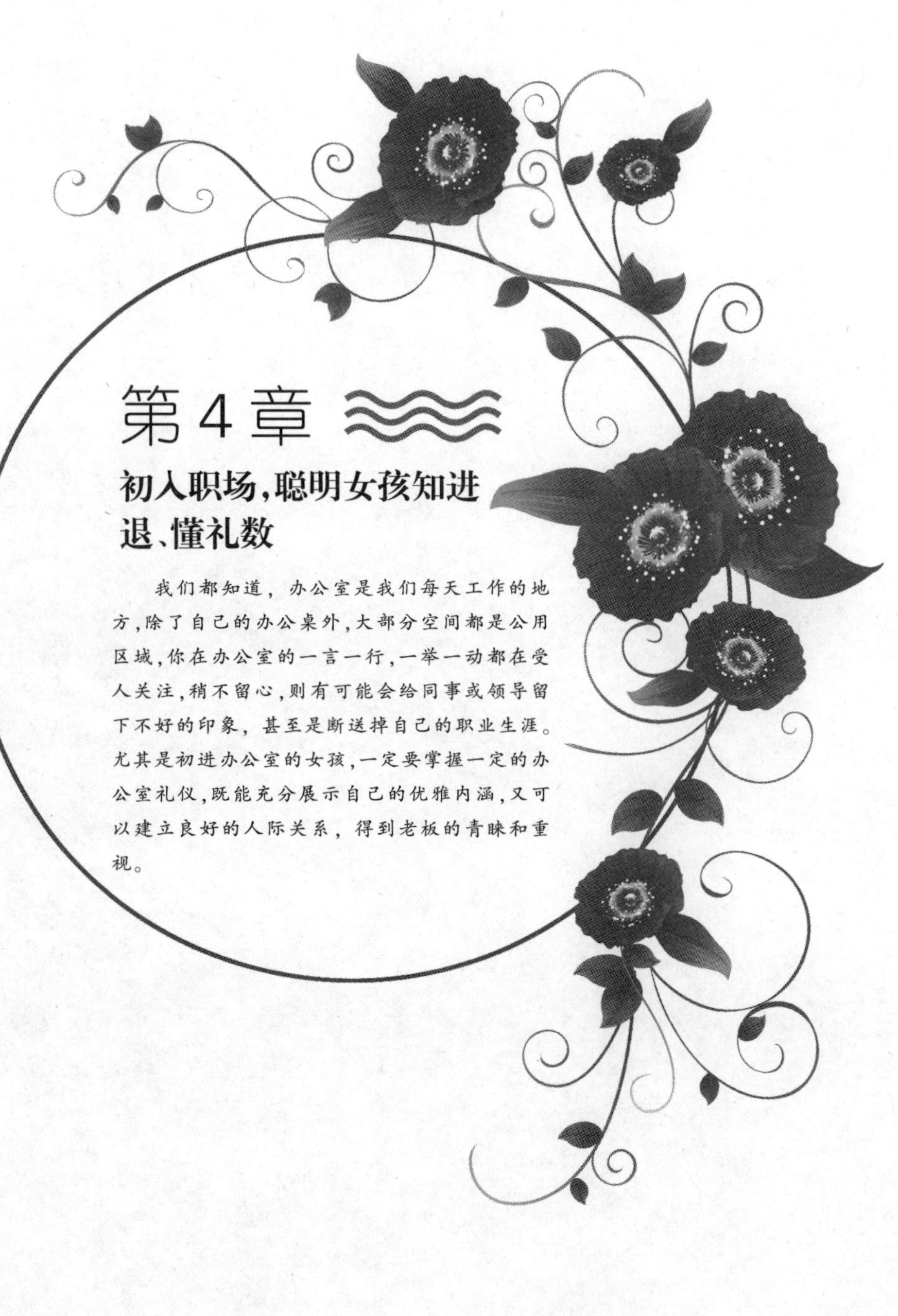

第4章

初入职场，聪明女孩知进退、懂礼数

我们都知道，办公室是我们每天工作的地方，除了自己的办公桌外，大部分空间都是公用区域，你在办公室的一言一行，一举一动都在受人关注，稍不留心，则有可能会给同事或领导留下不好的印象，甚至是断送掉自己的职业生涯。尤其是初进办公室的女孩，一定要掌握一定的办公室礼仪，既能充分展示自己的优雅内涵，又可以建立良好的人际关系，得到老板的青睐和重视。

女孩求职应聘不可不知的礼仪

现实生活中的每一个女孩，自从你跨出校园开始，你面临的第一个问题就是就业，事实上，这也是所有人需要考虑的问题。而对于很多人来说，能否拥有成功的事业、惬意的生活以及快乐的心情，很大程度上在于他(她)是否找到了一份能够发挥个人特长的工作。但是，女孩们，现今社会，无论哪行哪业，竞争的日益激烈，已经提高了录用人才的标准，虽然你和别人拥有同样的受教育背景、同样的工作经历，却未必能像他人一样获得心仪的工作，那是因为在获得工作之前，你要跨过一道求职的坎儿。而在整个求职的过程中，无疑，难度最大的就是面试。面试除了要向面试官最大限度地展示自己，还有一个我们经常容易忽视的问题——礼仪。我们来看下面一则招聘案例：

赵红红今年22岁，刚从某高校饭店管理专业毕业。这次，她因出众的外表、过硬的专业知识迅速在百名应聘者中脱颖而出，杀进面试最后一道关。

那天，赵红红起得很早，除了准备一些必备的面试材料外，她还精心打扮了一下。可正当出门时，赵红红发现丝袜上有个小小的洞，赵红红心想：一般不注意，是看不出来的，而且，现在出去买也来不及了。于是，她满心欢喜地出发了。

在面试过程中，如她自己所料，她的回答让在场的所有面试老师很满意。面试结束后，其中一位面试老师对她说："好了，今天就到这儿吧，你回家等我们的通知吧！"等通知？难道是面试的通知？这不就意味着自己已经被录取了吗？

于是，赵红红心里的大石头落下了，她静静地在家等消息。但半个月过去了，仍然没有音讯。于是，她托在该饭店的朋友打听，原来，自己并没有被聘上，而问题就出在了那双丝袜上，当她进门的那一刹那，眼神犀利的众面试官们就发现了这一瑕疵。

事后，负责招聘的徐经理说，在餐饮业中，对招聘人员的仪容仪表比较注重，应聘者穿着是否得体、职业，给人的第一印象如何就显得尤为重要。此外，做餐饮业还注重与顾客的沟通、交流，因此应聘者谈吐是否自然、亲切，给人的感觉是否舒服，是否有很好的沟通艺术，就都被列入考察的范围。

赵红红没有得到自己梦寐以求的工作，就是因为她没有做到细节上的完美。要知道，招聘过程中，面试官们很容易从细节观察到一个人的“本色”，处理不好，印象就会大打折扣。

应聘求职，要想成功跨越，除了首先要为你自己增加含金量外，还要做到深谙面试礼仪。初入社会的女孩们，在面试中，你只有完善每个细节，努力做得尽善尽美，才会给面试官留下良好的印象。那么，具体来说，我们该怎么做呢？

1. 带足简历，多一手准备

用人单位为了能让面试尽量客观、公正，通常都会让多名面试官同时参加面试工作，此时，如果你连为每一位面试官提供一份简历的工作都没做好，势必会让面试官觉得你缺乏准备。

2. 把握好初步印象，也不可忽视最后印象

整个面试的过程中，最初和最后的五分钟是至关重要的，这个过程给面试官的印象如何，就决定了你面试成绩的如何。最初的五分钟内应当主动沟通，离开的时候，要确定你已经被记住了。

3. 别让身体语言拖你的后腿

从心理学的角度来看，一个人的言谈举止反映他的内在修养，比如，一个人的品位、能力、价值取向、专业特长……不同类型的人，会在言谈举止中

透露出这些方面的不同信息，而这也正是用人单位考察一个求职者的重要突破口，他们在面试中通过对应聘者言谈举止的观察，来了解他们的内在修养、内在气质，并以此来确定其是否是自己需要的人选。

从你跨入面试场合的第一秒起，你的言行举止，包括如何向面试官点头致意，如何递简历、如何和面试官握手等方面，都已经被列为考察求职者的重要方面。

因此，作为求职者，女孩们，你要尽量显得精干、有活力、对主考人全神贯注。用眼神交流，无须言语，你会展现出对对方的兴趣。

4. 清楚用人单位的需要，尽量让自己表现出为对方需要的人

这就需要你做到知己知彼，也就是了解招聘单位需要什么样的人，知道根据招聘单位的特点他们更侧重于考察你的哪些方面，你需要注意哪些事项以及如何突击提高。

5. 做足功课，应对棘手问题

通常情况下，面试官为了考察求职者的应变能力和综合能力，都会提出一些刁钻的问题而大部分的主要问题事前都可以预料到，因此，你最好有备而战，冷静地整理好思路并尽量从容回答。

总之，每个即将进入职场的女孩，你都要明白，面试是你整个求职过程中最重要的阶段。成败均决定于你面试时的短短一瞬间的表现。因此，你一定要掌握一些面试礼仪，并学会怎么出色地面试，从而给面试官留下最好的印象！

女孩快速融入职场环境方法

人与人交往，都需要一个从陌生到相识的过程，正如人们常说的“一回生、两回熟”。与人沟通，就难在头一回，面对的是陌生人，人们会觉得局促、紧张，不知该从什么话说起，不知该说的话会不会让人听了感觉不悦……同样，对于那些第一天跨入职场的女孩来说，你要想融入职场环境，第一步要做的就是向同事做自我介绍，给对方留下初次好印象。而也只有做好这一细节工作，才能打开职场人际交往的局面。

某外企公司高薪聘请来了一位资深顾问，是一个二十来岁的女孩，刚刚研究生毕业，与资深一词刚好相反，这位顾问似乎有点儿“不谙世事”。

一天，总经理秘书小蔡在电梯遇到了这位资深顾问，因为不熟，就点头笑了一下。谁想到，这位资深顾问突然发现小蔡是陌生同事的时候，话匣子就打开了，居然直接问小蔡：“我叫××，有男朋友吗？一定没有吧？你看起来好严肃呀！”还一直问小蔡：“喂，你叫什么来着？”小蔡心想，就算比别人资深，也要顾好自己在别人眼里的第一印象吧！不仅小蔡，单位其他同事也对这位“资深顾问”印象也不好。

很明显，这位新来的顾问，因为说话太过招摇，而让同事产生了不好的印象。

初入职场的女孩，当你第一天进入办公室，都少不了要做自我介绍。但简单的几句介绍自己的话，并不是毫无章法可循的，那么，与同事初次见面的过程中，该怎样大方地介绍自己，才能给对方留下个好印象呢？

1. 自我介绍要摆脱陌生人情结

诚然，与同事第一天见面都可能会局促不安，但在产生交往欲望、自我介绍前，一定要摆脱这种陌生人情结。也就是说，你在向陌生人介绍自己时，要轻松自然、不必装模作样，不过也要表现出你的诚意。只有这样，才能显出你的大方和热情，而不至于扭捏作态，才会让对方觉得你是一个有良好的交际品质的人，从而愿意与你进一步交往。

2. 巧妙地介绍自己的名字

与同事初次见面时，想让对方记住自己，最简单的办法就是让对方记住自己的名字。这就需要你打比方，你可以对自己的名字做一个简单但容易被别人记住的介绍："我姓接，接二连三的接，认识我，你会有接二连三的好运！"

3. 保持谦虚低调

在自我介绍的时候，你除了突出自己的亮点，自我介绍还是谦虚低调为好，免得让别人留下此人爱吹的第一印象。

这就需要你作自我介绍时，要简洁、清晰，充满自信，态度要自然、亲切、随和，语速要不快不慢，目光正视对方。

小唐第一天上班，她的工作就是负责接电话，但是对方好像听不懂她在说些什么，她表现得很紧张，用手捂着话筒对我说："李姐，我是新来的小唐，早上也没跟你介绍一下，真对不起。客人好像不懂我在说什么，我刚来对业务也不太熟，你能帮我向他说明吗？"

原本还觉得新来的小姑娘不懂事的老职员李姐一下子怒意全无了，她心想：看她的样子虽然很可笑，不过如此认真的态度倒是让人颇有好感，让别人也乐意帮她，比一些不懂装懂而误事的人强多了。

4. 选对自我介绍的时机

在职场，自我介绍应选择适当的时间，当对方无兴趣、无要求、心情不好，或正在休息、用餐、忙于处理事务时，切忌去打扰，以免尴尬。

5. 把握交往对象的心境和现场气氛

自我介绍自不可太过冗长，有时候只需要简短的一两句话，因为吸引别人的也许正是开篇的某个亮点。同时，你在介绍自己的时候，要避免谈论会让人讨厌的话题，不要一个人一直发表高见，也要学习倾听别人说话。解读现场的气氛，看准时机再发言。

如果对方在你的自我介绍中产生了继续沟通的欲望，你就可以在自我介绍后面附加一些信息，比如，你可以提及与对方某些熟人的关系或与对方相同的兴趣爱好，“我和您一样也是个球迷”，这就一下子与对方找到了共同话题。

总之，对于初入职场的女孩来说，自我介绍是一门学问，更是礼仪知识的一部分。自我介绍的每一句话都要说到对方心里去，散发出你的交际品质，让对方觉得你是一个有个人风格的人，对你产生良好的印象，也就成功达到了攻克“陌生人心理堡垒”的目的。

职场穿衣，被喜欢而不是受排斥

当今社会，职场可以说如同战场，知己知彼，才能百战不殆，才能得到上司的重用，同事的拥护，可以说，职场交际应酬就如同激烈的心理博弈，在这场博弈中，局势千变万化，而作为初入职场的年轻女性，你只有事事从“礼”出发，注重职场每一个细节，才能从点滴处巧妙赢得人心。

可能对于职场女孩来说，如何着装是很头疼的问题，人际交往中时，谈话效果如何取决于以下因素：7% 的谈话内容，38% 的语气，45% 的穿着。可见着装的重要性，恰当合理的着装才能既给对方良好的印象，又不至于抢了

别人的风头。

有这样一个故事：

阳光明媚的早上，周琪穿上自己在众多打折香奈儿中选中的一件裙子，春光满面地来到办公室，当她推开办公室的门时，看见同事们围着主管看，原来主管也买了一件，她以为自己找到了审美知音，赶紧告诉大家："你们也去买吧，应该还有货的，这件只要五百多，是最便宜的一件了！"，这时，她看见同事们把眼光投向了主管，只见主管摔门进了自己的办公室，她觉得有点儿莫名其妙，一同事告诉她："主管说她的那件裙子是两千多买的，你这不是拆她的台吗？"周琪一下子觉得自己闯了祸，事后，主管虽然也没有采取明显的措施，但开始事事刁难他，尽管周琪知道她这是公报私仇，但也没有办法。

这就是在着装上与领导产生的不可调和的矛盾。从这里，初入职场的女孩们，你需要记住的是，职场着装，不应该过于高调，不然，很容易抢了领导或者同事的风头，遭人记恨。

对于职场女性来说，在交际应酬中，应该注意以下几点着装的讲究：

1. 干净整洁，大方得体

职场女性对服装有一个误区，那就是：昂贵就是品位。其实，职场女性的服装并非一定要高档华贵，但须保持清洁，并熨烫平整，穿起来就能大方得体，显得精神焕发。整齐并不完全为了自己，更是尊重他人的需要，这是良好仪态的第一要务。

2. 色彩技巧

职场女性在服装的色彩搭配上，不要过于张扬，也就是说，要符合职场的着装习惯。不同色彩会给人不同的感染，如深色或冷色调的服装让人产生视觉上的收缩感，显得庄严严厉；而浅色或暖色调的服装会有扩张感，使人显得轻松活泼。

3. 配套齐全

女性和男性不一样，不是一套简单的西装可以应付所有应酬。女性在

除了主体衣服之外,鞋袜手套等的搭配也要有所考究。在正式场合,必须有一双质量好的袜子,而且应该是透明的。

4. 并不需要大费周章

如果你有时间自然可以,但很多时候,我们与人交往,是偶然性的,我们没有时间再去从头到脚换一套盛装,因此,这就需要我们在日常生活中注意自己的着装。譬如,西装外套只要是上等的高级质料,则只要更换下半身即可,最好能穿上能与之搭配的裙子。

5. 饰物点缀

这是女人的个性显现,巧妙地佩戴饰品能够起到画龙点睛的作用,给女士们增添色彩。但是佩戴的饰品不宜过多,也应该和整个服装的色彩、风格相宜。

有时候,一件小小的饰品都能让我们的服装起到画龙点睛的效果。比如,在办公室内穿西装,到晚上赴宴时,下面再穿上长裙,脚着高跟鞋,就是颇正式的打扮,若要加强晚宴的气氛,则可再加上华丽披肩等装饰。因此上班时,可提个大一点的包包,里面放一些饰品及裙子。在没有习惯这样更换时,是无法完整地考虑到所需的一些饰品的,如胸针、耳环、丝巾、项链……但经几次后就会考虑得很周详而不易遗忘了。能如此准备,准时地去参加宴会,就不必说:"因下班直接赶过来,实在抱歉……"等话,且亦不必因不好意思而畏缩在会场的角落了。

以上只是一些职场女性应该注意的穿戴技巧,以这样几点为穿戴原则,既能穿出一定的品位和个性,又不至于有抢风头之嫌,在这样的情况下,就会给同事和领导留下一个好印象,在职场拥有好人缘,也就有了一个好事业的开始!

女孩莫清高，在职场中保持谦虚

中国人素来以谦卑闻名。谦和就是一种虚怀若谷的品德。人类成熟的重要标志之一就是谦逊。当一个人把谦逊当作美德发扬时，这个人也就具备了感人的魅力。

在我们的办公室，有这样一些女孩，她们说话彬彬有礼、虚怀若谷，被周围的同事认同和喜爱，在工作中也如鱼得水。然而，也有一些女孩，她们总希望成为焦点，希望受到大家的关注，骄傲自大，总想证明自己的能力。初入职场的女孩们，如果你是后者，一定要逐渐改正。职场人际交往，要虚心，多看看他人的优点和长处，要通过自己的努力不断超越别人、战胜自己。有一天，当你学会了事事处处接纳他人、理解他人、信任他人，不仅会发现他人的许多优点，而且也会容忍他人的某些不当之处，求大同存小异。这样，你的人际关系就会变得融洽和谐。

刘莲学的是市场营销，毕业后顺利进入一家外贸公司当业务助理。刘莲的上司是40多岁的业务主管老张，有着丰富的营销经验，由于资历较老，老张总是显得傲气十足，甚至有些骄横跋扈。他经常炫耀自己的辉煌业绩并用鄙夷的口气训斥他人，丝毫不把别人放在眼里。而实际上，很多时候，老张的那些主张与经验已经过时了。同部门的其他同事背地里总是抱怨老张自高自大、目中无人，但毕竟老张是老员工，大家也没什么办法，只能尽量远离他。

其实，刘莲来到单位后也没少遭到老张的训斥。但是刘莲暗自琢磨：老张之所以能居功自傲、盛气凌人，是因为他在商场摸爬滚打多年，经验极为

丰富，才拥有骄傲的“资本”。尽管他平时在工作上有些做法不对，但要想说服他，并非易事，直接反驳不可取。于是她主动邀请老张吃饭，并且，一向不喝酒的她还以晚辈的身份敬了老张，饭桌上，她大力称赞老张多年营销的功绩，并表示一定以老张为榜样，努力向他学习业务。老张听到这些话心里十分高兴，拍着刘莲的肩膀说：“小姑娘，你倒是满谦虚，不过你要学的真的很多，以后有什么不明白的多问我，我保证把你培养出来！”刘莲听到此话便向其虚心请教拓展业务的方法。而后来，聪明的刘莲在和老张学习经验的时候顺便道出了一些自己的看法，老张这才发现，原来自己的很多观点已经过时了，于是，他对刘莲连连道谢。

这个案例中，刘莲就是个虚怀若谷的女孩，面对“居功自傲型”的前辈，她选择了向老张请教。刘莲先是赞颂老张的能力，对其加以恭维，这充分满足了老张的自尊心，而后又表达了向老张学习的决心，将之奉为榜样，在请教的过程中指出自己的意见，高兴之余，老张自然乐意接受。

为此，职场中的女孩们，在与人沟通中，要想表达你虚怀若谷的态度，需要做到：

1. 多审视别人的长处和自己的短处

因为具有骄矜之气的人，大多自以为能力很强，很了不起，做事比别人强，看不起别人。由于骄傲，则往往听不进去别人的意见；由于自大，则做事专横，轻视有才能的人，看不到别人的长处。因此，待人处事，要多审视自己的短处，看到别人的长处，才能逐渐变得谦卑。

2. 受他人指教时多倾听

前辈和领导想向我们传达经验的时候，我们尽量不要打断对方说话，大脑思维紧紧跟着他的诉说走，要用脑而不是用耳听。

3. 主动向他人请教

二十来岁的女孩，你的人生才刚刚开始，需要你学习的东西实在太多，切不可恃才傲物。无论是工作还是人生经验，你都应该虚心地向他人请教。

4. 认真听取别人的意见

如果有同事当面向你提意见,那么,你千万不要不耐烦,也不要随便打断对方的谈话。无论对方的观点是对是错,你也不要贸然地反对或者批评对方:"你这是废话","错了"。即使你有这样的念头,你也不要表达出来,以免刺激对方,使他们心灰意冷,甚至真的对你转变为敌对立场。

5. 谦逊不是客套

无论是语言还是行为,只有发自内心,才能真正打动人。然而,我们发现,生活中,就是有这样一些人,我们无论与人交流,都把"请","对不起"挂在嘴边,给人的感觉是过分客套,搞得别人难为情,这就很难说是真诚。这里缺少点什么呢? 就是坦诚和直率! 人们喜欢与谦逊的人交往,但却不喜欢过分客套,直抒胸臆,坦诚待人,更能吸引他人。

当然,做人要谦和,并不是要你事事都听从他人,过分顺从就是奴性。人与人之间的关系只有做到平等,才能彼此尊重,互相景仰,才能互换爱心。

聪明女孩懂低调,别让自己不合群

我们都知道,当今社会,女性和男性一样,同样面临着激烈的竞争,只有学会把自己的优秀面表现出来,才能给自己创造成功成才的机会。拿职场来说,作为一名初入职场的女孩,你要想保持竞争优势,就要有"比他人学得快的能力"。然而,职场女人在表现自己的同时,一定要注意收敛锋芒、不可招摇。

俗话说得好:"枪打出头鸟。"这句话并不是没有道理的,那些爱显摆、做人高调者往往是别人排挤的对象,而那些为人低调,懂得韬光养晦的人才会

取得真正的成功。这句话同样警告身处职场的女孩们,“低头是谷穗,昂头是谷秧。”一定要收敛锋芒。

生活中,细心的女孩们,你可以发现,那些工作出色、处处拿第一的人,似乎并没有什么朋友,而那些能力一般的人似乎周围总是不缺朋友,其实,也就是这个道理,因为每个人都不希望自己的朋友强于自己,让自己成为配角,而对于那些抢尽风头的人,他们一般必会采取措施来排挤他。

从上学开始,夏琳琳一直是个优秀的女孩,大学时候,她还一直担任学生会干部,她有口才,有能力。大学毕业后,周围的亲朋好友也对她大加赞赏,所有人都说她是个前途无量的女孩。但她心里有说不出的苦衷。在一次朋友聚会上,她将肚子里的苦水一下子向姐妹们吐了出来,

原来,夏琳琳自参加工作后,就憋着一股劲,一心想好好干,给自己打拼一个好的未来。两年来,她就是凭着初生牛犊不怕虎的劲头和自己的才干,在工作中事事冲锋在前,兢兢业业,当然,业绩也是最好的,深得上司赏识。“可是,同事们却在逐渐孤立我,我发现自己在单位根本没有朋友。前几天,我遇见他们从饭店聚餐出来,整个办公室的人除了我都在,我心里太不是滋味了。平心而论,在平常的相处中,我并没得罪过谁,他们怎么这样对我?”

原来如此!看到夏琳琳颓丧的样子,几个已经是过来人的姐妹告诉她:“你积极进取、努力实干的精神值得赞许。可你别忘了,你毕竟身在一个集体中,工作过于出色,不懂得收敛,所有的成绩都被你抢先了,别人得不到机会,天长日久势必会对你有意见,孤立你也在所难免。职场新人上进的同时,也要学会懂得收敛锋芒,给别人留机会。不要把成绩都揽在自己头上,有时候协作也很重要。这样,与同事相处好了,大家都有展现的机会,你在职场才有更大的发展空间。”

一席话,让夏琳琳若有所思。她说:姐,你说得有道理,让我好好琢磨琢磨。

两个月后她们再见夏琳琳,她又回到以前朝气蓬勃的样子了。

案例中，初入职场的女孩夏琳琳经过闺蜜的指点，才意识到自己的失误。的确，任何一个职场女性，尤其是初入职场的你，一定要明白，低调做人是做人成熟的标志，是保护自己的一种策略，也是为人处世的一种基本素质，你应该像向日葵一样，在成长的过程中，它们镶嵌着金黄色的花瓣，高昂着头，但一旦籽粒饱满，它便会低下沉甸甸的头，因为它成熟了、充实了。

低调做人、低调处事，低调是立世的根基。有位哲人说过，当坚硬的牙齿碰落时，而柔软的舌头却完好无损。可见，低调做人，不仅可以保护自己，使自己与他人和谐相处，患难与共，更能使自己暗蓄力量、悄然潜行，在不显山露水之中成就伟业。

因此，作为职场女性的你，一定要记住：

1. 安全最重要

人们总认为，职场好似一个走秀场，谁走得漂亮，谁就赢了，实际上，并不是如此，职场是一个斗兽场，真正生存下来的才是最终的赢家。正因为如此，你就不能如在走秀场里一样可以尽情展现自我，而是应该懂得隐忍，凡事安全第一，别凡事都一个人冲出去。有时候，不表现比表现更好，不动比动更佳。

正所谓静若处子，动若脱兔，无利蛰伏，有利起早，这才是上上之策。

2. 不要轻易暴露自己的缺陷，也不要轻易显摆自己的聪明

你在做事时第一任务是藏好自己的缺陷，不让缺点暴露，即使事情做不好，也不会坏在自己的手中。

同时，让所有人都见识自己的聪明，在职场上并没有太大的好处。因为对老板而言，聪明不代表有能力。对上司而言，聪明代表着难管。而对同事而言，聪明代表着压力。

你把一个有害无利的东西表达出来，只会给自己带来麻烦，而这除了能满足下自己的虚荣心之外，实在毫无好处。

的确，聪明的女孩，当你身处职场已久，你会发现，聪明人跳槽的跳槽，

转行的转行,同时进职场的人里,只有那些小人物还踏踏实实地做着。像这种忠心耿耿,又不计得失的人,老板不升他升谁?所以到最后,你会逐渐发现,占据着高位的人都是这些不太聪明,又没什么能力的小人物。无它,他们懂得收敛而已!

懂得利用女性特质,工作会更顺利

曾经有位著名的女企业家说过:“对于成功,男人有男人的标准,女人有女人的标准。最大的成功就是不管做什么,男人要做到男人的极致,女人也要做到女人的极致。记得自己是女人,这就是你的标准,你的属性。”对于初入职场的女孩来说,努力积累工作经验、锻炼自己的能力固然没错,但如果你希望获得成功,就要借助同事们的力量,对此,那么,千万别忘了利用女性的一些特殊的优势,比如,温柔、含蓄、语言、理智等。的确,懂得利用女性特权的职场女人们,往往更容易融入职场。

林丹毕业于一所普通的本科院校,但毕业不到一年的她就已经成功登上了某大型培训机构的经理宝座。她经常穿着一身粉红衬衣、飘逸长裙,举手投足无不透着浓浓的女人味,说话轻言细语,如果她不开口,很难看出她已经是一名经理。她说:“女人只要对自己的优势有充分的认识,她就能成功。有人说,女人要想成功就不能太把自己当女人,我有不同意见。女人的优势就是亲和力强、沟通能力强,同时她在应对能力和承受压力等方面,也有很坚韧的优势。”

其实以前的林丹总是很刚烈,她有着不亚于男性的冲劲和魄力。有一次她正在值班,卖场打电话说你赶紧来吧,客户为一件事情打起来了,要动

刀子了。她立马儿冲到现场，一下把闹事那人的衣领揪住了，大吼你干什么！客户对她说，看你外表温柔，怎么像一只母老虎？

客户不满的语气，给了林丹很大的震动，她开始思考这几年来自己的工作。

争强好胜的林丹，从以前找工作开始，给自己定下了明确的奋斗目标：销售—主管—经理，她用了5年的时间顺利实现自己的理想。而自己付出了什么？得到了什么？付出了比一般人多几倍的努力，得到的却是母老虎的名称。

现在的林丹的人生有了重要转变，她参加了某大学开设的“女性管理者课程”，最大收获就是在学习过程中女性意识的回归。“在上课之前我是很刚性的，所以当时我们班的同学觉得我可能有点儿钢铁的味道。但我到了这个班以后发觉，女性管理者自有很多她们自己的优越性。你应该把你女人的优势发挥到极致。”

很快，林丹改变了自己的工作方式，处理事情不再像以前那样用男人铁一样的手腕，而更多地顺从自己的想法，女人的亲和力、沟通能力自然而然地凸显出巨大优势。不管下属还是客户，对她没了畏惧，而是尊敬和倾慕。

看完这则案例，作为职场新人的女孩们，你可能也应该反思一下，为什么你总是那么疲惫却处理不好工作？为什么你的那些同事都不愿意与你交往？为什么他们都不愿意助你一臂之力？

为此，你必须明白，拥有良好的人脉关系是你通向成功的一条捷径。你或许从没有去过好莱坞，但你绝不会不知道好莱坞最流行的一句话——“成功，不在于你知道什么或做什么，而在于你认识谁。”美国石油大王约翰·洛克菲勒也说过：“与人相处的本领是最强大的本领。”

当然，除了要利用性别优势积累良好的人际关系，你还可以发挥以下优势：

1. 温柔

声音是女人自然天成的乐器，是女人的感性灵魂，是穿越男人灵魂的旋律，但如何达到这一效果，还要看你如何把握。

和言细语，谦顺温柔，是女性特有的语言风格，使人倍感亲切。有人说："女人不能弱，弱了被人欺；女人不能柔，柔了被人骑。"于是就出现了所谓"泼妇"，说话比男人更粗鲁，这其实是舍弃了女性自身的优势。

女性喜欢男性的阳刚，同样的道理，男性喜欢女性的温柔，这是自然之情，这也是男女相互吸引的地方。在大方自然、光明磊落地与异性交往的过程中，口语表达可充分发挥属于自己性别的语言特色，自然展现自己的语言风采，的确能产生震撼人心的巨大魅力。

2. 细腻

相对来说，无论是在工作还是生活中，男人和女人的思维方式和处理问题的方式都不同，男性更善于男女在工作中制定大的战略，他们非常清楚终点目标的位置；而女性则更细腻一点，她们也希望能兼顾到生活与工作的各个方面。因此。作为职场女孩的你，也需要吸收一些男性的优点：先确认首要目标，将焦点集中在首要目标，完成后再逐步进行其他事情。理清工作中的轻重缓急，有助于提升工作绩效，引领你快速到达目标。

3. 配合团队作业

女性通常因考虑太多，同时在自我保护的外衣下，排斥与别人分享资源，喜爱各行其是，因而无法共同达到团队目标。男性则比较能配合团队领导人的指令，拿出最佳本领，协助主管完成任务。

4. 展现幽默与笑容

工作中，我们发现，一些女孩在工作中很多时候会非常严肃认真、不苟言笑，而实际上，这样会给人一种无法沟通的错觉，与人沟通的第一步，就需要你做到展现你的笑容，在这点上，男性则更善于通过幽默来缓和气氛，让别人接受自己的看法，人们甚至常常认为女人天生就缺乏幽默细胞。

电话礼仪，职场女孩必须知道的事

现代社会，作为一名职场女性，免不了要接打电话，在办公室接电话，无论在任何时候都要讲究必要的礼仪。这是因为，你的专业能力和素质乃至产品给对方的印象如何，都是通过电话传达的，你在电话中的声音、措辞等不仅仅代表的是你自己的形象和身份，而且还代表了整个公司的形象。如果你不够礼貌，不够专业，那么，无论是公司还是你自己，在对方心中的印象都会大打折扣；相反，如果在接对方电话的时候，你能够礼貌、专业地接听，那么便会展现你的优雅谈吐。

推销员杨英在单位是个销售精英，这与其良好的销售态度是有很大关系的，每次打电话，无论客户的态度怎么样，她都是礼貌回应。这天，和往常一样，在给准客户打电话前，先对着镜子整理了一下衣服，然后深吸了一口气，露出一个非常热情的微笑。她告诉自己：这可能又是一个非常难说服的客户，但无论怎样，都要热情地微笑。准备就绪后，她拿起了电话。

“喂！你好，是××公司吗？我想找一下×××经理。”杨英面带微笑地询问。

“请问您是哪里？找我们经理有什么事？”很明显，接电话的不是经理秘书就是助理。

“我是×××公司的杨英，昨天我给你们公司发了一封快件……”还没等杨英说完，对方打断道：“又是想搞推销的吧？对不起……”

这一切都在杨英的意料之中，所以，她也有应对措施。她的脸上依然洋溢着她的招牌式笑容，接着，她又说道：“您先别挂电话，我知道您每天很忙，

而且每天也会接到几十个类似的推销电话,您已经接得很烦了。不过,请您相信,我并不想浪费您的时间,而且我的时间同样十分宝贵,而我只是想和×××经理谈一下,因为我知道贵公司正在扩大生产规模,而我们公司生产的设备是目前国内生产效率最高,性价比最高的。另外,最近,我们公司正在进行回馈客户的活动。所以,请您帮忙转一下×××经理,非常感谢您的帮忙!"

听到杨英这样说,对方也不好再生硬地拒绝她了,而且她也不想让一家很可能十分优秀的原材料供应商与公司失之交臂,于是她告诉了杨英那位经理的分机号码。由此,杨英也成功地跨出了此次电话销售的第一步。

案例中,销售员杨英之所以转变接线人员对自己的态度,由刚开始的极力拒绝到后来的接受,是因为她从拿起电话之初就始终保持礼貌的态度,并且一直都努力保持着热情的销售语言,从而打动了对方。可见,即使是平平的礼貌语言也能引起客户的认同。

当然,身处职场,女孩们,你接到的未必一定是客户的电话,但无论是何种电话,你都要注意礼仪,挂电话时更要注意。针对这两点,我们可以做出以下概括:

1. 接电话时要注意

①接电话要及时。一般情况下,当电话响铃三次以后,你再拿起话筒接听是最好的。因为,让对方等待时间过长,会让对方觉得自己受到怠慢;接听速度过快,也会给拨打电话的人以措手不及的感觉,这样接听电话的你可能会留给拨打电话者以不够沉稳、过于急躁的印象。

拿起电话后,应该立即向对方问好,有时还需要你自报家门:"你好,这里是A公司的销售部门。"接手机的时候也可以不必自报家门。如果在第三声响铃之后才接起电话,你要主动致歉:"对不起,让您久等了。我是王林,请问你有什么事吗?""喂,您好!我是×××,实在不好意思,刚才我到经理办公室了,听到电话响才急忙赶回来……"

②接电话时的动作。接电话的时候，切忌气喘吁吁、慌慌张张地接电话，也不要漫不经心、拖拖拉拉地接电话；另外，你应该随手拿着一支笔，顺手将重要的事情或是电话号码记下来。

③中断谈话时要加以说明。如果你因为某些重要的事，在接起电话后，不能与对方继续通话，最好同对方再约时间进行通话。比如，你接了客户的电话，但此时你却有一个重要的会议参加，你可以这样说："对不起，李先生，我待会儿有一个重要的会议要参加，我稍后再同您联系。"

2.结束电话时的注意事项

①多用感谢与赞美的语言。这样，对方会感到非常开心，愿意与您继续展开进一步的交流。比如，你可以在结束电话时这样说："和您说话我感觉非常有趣，您真是一位幽默开朗的人，希望您每天都能保持好心情！"

②轻放电话。交谈完毕以后，你在电话没挂断前最好不要随意同旁边的人谈话。要轻轻地放下电话后，再另行谈论其他事情。这是礼节，也是对客户起码的尊重。

另外，在结束电话的时候，女孩们，你还要特别注意一点，那就是，一定要询问对方是否还有其他问题，或者主动询问对方还有哪些需要与要求等，比如："很高兴咱们今天能聊这么多，不知道还有哪些事情我可以帮得上忙？""我刚才说的不知道清不清楚，您看还有什么问题需要问的吗？"

如果你在接挂电话间能注意以上几点，就一定能展示出自己的专业风范，并获得打电话者的认可！

第5章

同事相处，女孩要懂得有“礼”有“距”

现代社会，任何一个女孩，一踏进职场，就要和同事交道。那些善于处理职场人际关系的女人，总是能得到同事的支持。然而，总是有不少初入职场的女孩为此感到苦恼，不知道怎么和同事打交道。不得不说，是否懂得与同事相处，很大程度上决定了你在职场的命运，你不可厚此薄彼地怠慢任何一个同事，而应该凡事从“礼”出发，如果你能做到让所有同事都心满意足，那么，你也必定能得到所有人的支持！

女孩不搞小团体，一视同仁对待同事

任何一个女孩，当她跨入职场的那一刻，就必须要和同事们一起为共同的目标、为企业的业绩而奋斗。因此，可以说，同事是她们在工作时间内彼此相互交往、接触最多的人。然而，如何和同事处理好关系却是很多初入职场的女孩苦恼的问题。然而，我们也发现，在我们工作的周围，有这样一些女孩，她们是办公室所有人喜欢的对象，因为她们八面玲珑，兼顾所有人的感受。她们有着高超的说话技巧和应酬能力，能让所有人都乐意帮助她们。这样的女人，还怕得不到同事们的支持吗？

当然，也有这样一些势利的女孩，在办公室中，她们对那些老同事，老板的红人恭敬有加，但却冷落那些那些工作职务低的同事，她们满以为自己能因此在职场中捞到好处，但却给人留下了势利眼的印象，这样的女孩，估计谁都不愿意与她们交往。

我们先来看下面一个故事：

钱丽丽是个精明的女孩，大学毕业后，她就瞄准了一家大公司，然后努力准备，终于，她成功进入了这家公司。在上班之前，她对公司的所有人都做了一番了解，哪些人是老板的红人、哪些人是办公室可有可无的人，哪些是能力强的人等等，她都摸得一清二楚。

上班第一天，她就专门为大家买了小蛋糕作为早餐，但她只发给了她认为的那些重要的人。虽然那些没分到的人没有说什么，但经过这件事，大家都对这个新来的小姑娘印象坏透了——“小小年纪，就这么势利！”

事实上，钱丽丽的工作能力还是被领导认可的，但这家公司有个制度，

新员工的转正必须要得到同事们半数以上的支持。钱丽丽满以为自己能成功转正，谁知道，曾经没有收到她蛋糕的人都投了反对票，最后有个老同事告诉她："你当初那件事做得太难看了，你叫那些没有收到蛋糕的人怎么想？"钱丽丽这才如梦初醒，自己真的做错了。

故事中的钱丽丽为什么在关键时刻没有获得同事们的支持？因为她在与同事的相处过程中表现得太过势利！

从她的故事中，所有的职场女孩，都应该吸取教训，任何一个深谙交际之道的人都明白，身处职场，对待任何同事，都应该一视同仁，不要让任何人受到冷落，做到让所有的人都心满意足，你才是真的将"工作"做足了。

那具体来说，我们说话、做事，怎样才能做到面面俱到呢？

1. 不要曲意逢迎比你位高权重的人

诚然，很多时候，当那些老同事、能力强的同事或者领导在场时，你应该尊敬他们，但不要献殷勤，这样会招来其他人的反感。

小孙是一个业务部的主任，虽然也是个小官，可是她一直想要高升，做到业务部经理的位子，恰好上届业务部经理要调到公司总部去了，在为经理举办的欢送会上，小孙想把这件事敲定。于是，她"鞍前马后"为经理端茶倒水，高升的经理一时兴起，喝高了，然后吐了。这时，小孙实在不愿意为他擦洗，就吩咐同事小李："快拿个毛巾来给经理擦擦。"没想到小李说："想当经理就要吃得起苦啊！"然后把身后的毛巾扔到小王手里。

小孙的确当了业务部的经理，可是却不服众，原因就是大家认为她是溜须拍马才当上经理的。

这里，小孙的举动对于维护同事关系来说是大忌，这样明显表现出了自己的目的，她完全可以隐晦地表达自己的意思。

2. 不要冷落那些"没权没势"的同事

办公室里，你会发现，总有那么一些闲人，他们"没权没势"，大家也好像

把他们当空气，但你千万不要小看他们，也许他们才是老板的心腹，你的一举一动都被他尽收眼底；他们也可能是真正的人才，只是暂时没有表现出来而已。因此，你千万不要冷落他们，也许在你最需要帮助的时候，真正能帮得上忙的还是他们。

3. 切忌在办公室与某个人交头接耳

由于办公室的人都比较多，在工作之余大家会闲聊起来。此时，在选择话题上，你要尽量选择能照顾到集体兴趣的，不要因为自己喜欢某个话题就一直说个不停。另外，也不要选择太偏的话题，而最忌讳的一点就是不要和旁人贴耳小声私语，这在无形中就会冷落了别人。另外，即使你不喜欢其中的某个人，也不要说话带针对性，让在场的其他人尴尬。

以上就是我们如何在职场与同事交往时应该注意的，能做到这些的话，我们就能处理好各方面的关系，不会有厚此薄彼之嫌！

女孩别太单纯，别把所有人都当朋友

对于很多初入职场的女孩来说，她们常常有个误解，同事之间走近了也就是朋友。事实上，同事并不是朋友，朋友之间一般是心照不宣的，而同事之间，既是合作的关系，又是竞争的。因此，和同事交往的过程中，要懂得保护自己，对于自己的私密问题，千万不要告诉同事，做到这一点，能让你免除很多麻烦。

相信每个女孩都深知同事间的关系对工作的重要性，但单纯的女孩们，你们必须明白的一个道理是，与同事相处，不能太过单纯，把自己的全部私密问题对对方和盘托出，也不要参与办公室的任何八卦言谈，专注于工作才

是保护自己的最有效办法。

但我们奇怪的是，办公室里，只要有女性存在的地方，就有源源不断的“语言”，因为女性似乎总是爱谈论自己和他人的隐私。因此，人们常常开玩笑说：“远离女人，就远离了是非。”这只是句玩笑话，但足见职场女人要想拥有良好的人际关系，就必须要避免谈及他人隐私。

在办公室，你是个会说话的人吗？你是否因为谈及隐私而给自己带来过麻烦呢？我们先来看阿静的经历：

阿静今年二十五岁，大学毕业后就嫁人了，她的丈夫经营着一家公司，刚开始那些年，她过得很幸福。但后来她发现丈夫出轨后，便毅然决然地离了婚，如今，她不得不出来工作。后来，经过朋友介绍，她再次捡起自己的老本行——在一家会计事务所担任经理助理。

刚开始来这家公司，因为几年不工作的关系，她感觉做什么都很吃力。但很幸运的是，她遇到了与一个自己很聊得来的张大姐，张大姐很热心，平时没事就过来帮阿静一起处理工作上的事。不到一个月的时间，阿静就与这位张大姐情同姐妹了。

一次，张大姐和阿静一起喝咖啡，两个人聊着聊着，便聊到了情感的问题。谈到伤心处，阿静便将自己一肚子的苦水倒出来了：“其实我真的不喜欢出来工作，但又有什么办法呢？女人只有自立自强才不会在遇到这种情况的时候手足无措。我也不怪他，也许是我自己的问题，我对他的工作一点也不懂……”

听到阿静这么说，张大姐安慰道：“你也别多想了，事情已经到这一步了。反正现在工作也不错……”

张大姐的安慰让阿静心里舒服了很多，她很庆幸自己能这么快找到这样一个好朋友。但她没有意料到的是，周一工作的时候，她的事情就在办公室传开了，大家议论纷纷：“原来是没人要了才来找工作的啊，真可怜！”“听说老板是她以前的男朋友，怪不得呢。”“真是没有拆不散的婚姻，只有不努

力的小三啊。"阿静听到这些的时候,简直不敢相信自己的耳朵,她真后悔没有管住自己的嘴,没有对别人防一手。没办法,看样子,这家公司待不下去了,她只好收拾东西辞职了。

故事中的阿静太单纯了,她因为太过相信自己的新同事张大姐而把自己的秘密告诉她,结果张大姐却把此事传得沸沸扬扬。

从阿静的故事中,所有的职场女孩都应该吸取教训,与同事相处,一定不能对对方和盘托出,更不要谈及自己的秘密。的确,职场是一个容易惹是非的地方,僧多粥少,你一定要理性一点,聪明一点,时刻谨记"逢人只说三分话,未可全抛一片心"。其实,隐私本身也是一个相对而言的概念,一件在一个环境中无伤大雅的小事,换一个环境则有可能非常敏感。作为一个职业人,人们的年龄、学历、经历、爱情婚姻状况等,有时也属于隐私。

具体说来,包括以下几个方面:

1. 薪水问题

很多公司领导不喜欢职员之间打听薪水,因为往往会出现公司内部"同工不同酬"的现象,员工之间的工资也会有不少差别,所以发薪时老板有意单线联系,不公开数额,并叮嘱不让他人知道。谈论工资问题,很容易引起同事间的矛盾,而没有哪个领导喜欢"包打听"的员工。

但有时候,事情往往找上门来,如果你碰上有这样的同事,最好早做打算,当他把话题往工资上引时,你要尽早打断他,说公司有纪律不谈薪水;如果不幸他语速很快,没等你拦住就把话都说了,也不要紧,用外交辞令冷处理:"对不起,我不想谈这个问题。"有来无回一次,就不会有下次了。

2. 私人生活

每个公司和领导都不希望自己的下属把生活中的问题和情绪带到工作中来。因此,千万别聊私人问题,也别议论公司里的是非短长。你以为议论别人没关系,用不了几个来回就能绕到你自己头上,引火烧身,那时再逃跑就显得被动。

3. 志向问题

在办公场所大谈人生理想显然滑稽，安心做好本身工作就好，即使有雄心壮志，不妨回去和家人、朋友说。在公司里，要是你没事整天念叨“我要当老板，自己置办产业”，很容易被领导当成敌人，或被同事看作异己。如果你说“在公司我的水平至少够副总”或者“35 岁时我必须干到部门经理”，那你很容易把自己放在同事的对立面上，更让领导产生威胁感。

总之，女孩们，你需要记住的是，身处职场，你一定不要在公司范围内谈论私生活，也不要随便对同事谈论自己的过去和隐秘思想，更不要传播别人的隐私！

从小事上，巧妙表达对同事的关心

生活中，我们可以发现，在公共场所，经常有这样一些人，他们无视周围人的存在，高声喧哗，不仅影响了别人休息或学习，也招来别人的厌恶；而相反，那些有空间概念的人，即使在开门这件小事上，也会有所注意，表现出了对别人的关切，无疑，这样的人是受欢迎的。

同样，初入职场的女孩们，与同事打交道的过程中，如果你能贴心一点，能多为别人考虑一下，相信你的人际关系会改善很多。

我们来看看下面这样一个现象：

在某个寒冷的夜晚，某作家来到一家小餐馆就餐。店小人多，他进去时，只剩下一个正对着门的座位。不大一会儿，他的晚饭就端上来了，已经饥肠辘辘的作家，马上开始狼吞虎咽，完全顾不上形象了。

这时，坐在作家身后的两个人已经吃罢饭，结账离开。可是……他们出

门的时候，就那么很随意地带了一下门，却没发现并没关好，留着一条巴掌宽的缝隙，寒风正欢叫着汹涌而至。作家瞥了一眼他们离去的背影，心中暗说：“真没素质。”刚要起身去关门，倒是服务员眼尖手快，连忙跑过去关上了。从此，这位作家再也没有心思好好吃饭，开始观察出出进进的人们。到他吃完为止，共有九拨人进出此门，却只有四拨人能够很认真地关好门。

作家想：这不仅是小小的关门的问题，这能看出一个人的素质。

的确，如果把关门当作一个象征，在生活的其他环节中，又有多少人没有为别人关好门呢？

年轻的女孩们，现在不妨来问问自己，在做一件事的时候，在跟人接触的时候，能不能做到细心处理好自己的行为，不妨碍别人？至少是不给别人添麻烦？或者为别人顺手开门或者关门？这看似是一些举手之劳的事，但却体现了你对同事的关心。

不得不说，随手关门虽说是一个人生活中的一种行动细节，却同时也是一个人的一种素质问题，更是一个人修养高低的反映。一个做事谨慎、注重细节、有责任心的女孩，应当是随手关门的人。职场中，千万不要小看关门这样的小事情。一个知道为别人考虑，关心别人的女孩，才能从小事上感动别人，获得良好的职场人际关系。

而关门大致可以分成两类，一是关自己的门；二是关同事的门。

1.关自己的门

关自己的门，是否关，如何关，都全凭主人的心情和生活习惯。打个比方，比如自己家或者办公室的门，完全可以随意些，在不打扰家人休息情况下，完全可以将门敞开着；而也有人会在进门或出门时，随手就把门关上，这可能是为了安全，也可能是出于一种习惯。

2.关别人的门

随手关门关得好，可能给人留下很好的印象，但这门也不是随随便便关的，如果关得不好，则很有可能要坏大事。

比如,你求某领导为你办事,该领导对你的表现十分满意,临走之时,为了不打扰领导工作,你觉得应将领导的门关上。但此时,已经兴奋无比的你,居然一时大意,把门关得震天动地如同打雷一般巨响。你说领导会作何感想?“这人全然目中无人,太嚣张了,要是让他有一天成了自己的上司,那可还能了得,岂不要衣角甩死人了吗?”不用想,事情就算不“黄”了,至少也得一拖再拖了。

还有另外一种情况,为给领导留下好印象,在进门的时候,你毕恭毕敬,轻轻敲门,亲切问候,可是到了出门的时候,全然如同变了一个人似的,步子迈得极宽,甚至连门都忘了关;有些人因为被对方拒绝,出门的时候则是摔门而去,好像要从此不再进这扇门似的。这样做对吗?即便闹翻,即使意见不合,或者事情办砸,还得轻轻地关上,而且要显得有诚意。这是态度问题,更是素养问题,岂能造次?

总之,二十来岁的女孩们,千万不要小看开关门这件小事,它真是一门学问,门关得好不好,关得到位不到位,全看一个人的素养与内涵。且莫小看关门,有时,能否成功就在这关门的一刹那。

向优秀者学习,结交榜样同事

中国是典型的人情社会,良好的人际关系对一个人的成长乃至成功都起到了不可代替的作用。这一点,同样适用于职场。尤其是对于那些初入职场的女孩来说,结交到好的朋友,不仅可以学到诸多做人的道理,而且可以在职场中乘风破浪。

事实上,任何一个精明的职场人在踏进职场的那一刻起,就有一份结交

各类人士的计划，不管他们的计划如何，他们都会为自己找一个学习的榜样，以此减少自己在工作和为人处世上的失误，进而获得不断成功。

那么，职场中，女孩们，我们该结交怎样的学习榜样呢？又应该怎样去结交呢？一般情况下，职场中有四类人士值得你结交：

1. 思想型

这类人专业基础知识扎实，有丰厚的工作经验，思考问题也有深度，如果他在职场中已经是领导，也一定是个目光长远的领导。如果你在工作中或生活中遇到这样的人，那么恭喜你，他就是你的“贵人”，你一定要抓住不放，尽量和对方成为朋友。

2. 阅历型

他们往往是职场阅历丰富，充满职场智慧的人。这种人可能并没有很高的学历，也没有读过很多书，但是工作时间久了，经历过职场的风风雨雨，因此面对难题时已学会轻松解决。一些职场新人，最需要这种阅历型“贵人”的帮助，因为他们总会在工作细节上或人情世故上栽跟头。总之，如果你能够尽快结交一位阅历型贵人，你将会少栽很多跟头。

3. 业务型

这类人可以简单地用“师傅”两个字来概括。

当你加入一个公司时，你一定会遇到这个岗位的前辈，对此，你一定要虚心请教，绝不可摆出一副什么都懂的架势。的确，可能你在从事这个工作之前，是做足了工作的，比如，查资料，研究过数据，等等。但无论怎样，这些间接经验都没有这个岗位的直接经验来得重要，所以，你要尽量和你的前辈搞好关系。

4. 魅力型

就是以人格力量吸引别人的人，可以是领导，也可以是普通同事。或许你会发现，一旦工作闲下来，办公室的某个人，总是被一大帮人围在周围，他说话总是有很强的说服力，让人觉得既亲切又值得信赖。这就是魅力型的

人。和他们做朋友,同样也是近朱者赤的道理。一个人能受别人欢迎,总是有他的道理。你经常和这样的人在一起,慢慢就会体会出这个人的魅力所在,耳濡目染,慢慢也就完善了自己。

当然,女孩们,为自己找一个学习的榜样,并不是要你与其拉帮结派,这样只会招来更多的对立者。

张涵从新闻系毕业后,就在一家杂志社做实习记者,她非常喜欢记者这个工作。她目前所供职的这家杂志社主要做汽车类的期刊,张涵对于汽车还是比较有研究的,而且也非常喜欢。所以,一直以来,她都非常努力,而且对上司和同事也非常热情。

就在一个月前,上司把张涵叫到办公室谈话。得知这个小姑娘是外地人,出于对属下的关心,上司对她说:"在这里工作,大家都不是外人,你就把我当成你的朋友,有什么话,就直接对我说,什么解决不了的问题,只要我能帮你的,我尽量帮你。"初来乍到的张涵听了很感动,对上司说:"我找工作这么久,这是我听到的最感动的话了,从今天起,我一定好好工作。我就叫你大哥吧,正好我也没有大哥。"上司听了,微微一笑。

谁都知道这不过是上司对下属关心的一个表现,但张涵偏偏多想了,觉得自己在外那么多年,有人这么关心自己,而且还是自己的上司,感觉自己好像有了归属一般。

第二天,张涵有个项目要向上司交代,顺口就叫:"大哥,你看我的方案对吗?"上司当时愣了一下,所有的同事都转过头看着他们,这时,张涵微笑着说:"没错,这就是我大哥。"大家都没有说什么,低下头继续工作了。

事后,上司将张涵叫到他的办公室,说:"我们之间的交往再深,你也不要在同事面前表现出来,这样对我们俩都没有什么好处,将来我如果重用你,他们会说我滥用私情,你明白吗?"顿时,张涵觉得脸发烫……

对于刚参加工作的女孩来说,你需要为自己找个学习的榜样,以此来完善自己,但不能在同事面前表现出和上司的亲密关系,甚至于和上司拉帮结

伙，如果上司对你不理睬，同事会觉得你在讨好上司而远离你！如果上司积极响应，同事会觉得你们私下交往很深，以后你在工作上有了成绩，他们会说是你和上司深交的结果！这样不利己的事情，还是不做为好！

总之，女孩们，你需要结交那些值得你学习的同事，但要注意结交和交往的方式，做到这一点，你的职场路走的就会顺利得多！

再不喜欢对方，也不要撕破脸面

任何一个女孩，走出校园后，就来到职场，就必须要和同事打交道。但实际上，并不是每个女孩都能和周围的同事友好、和睦地相处，尤其是那些初出茅庐的女孩，究其原因，其实很多问题并不在于别人，而在于你自身，我们都知道，人都是单独的个体，都有自己的性情和处事风格，当其他人的处事方法不符合你的观点时，你大概会觉得“他真讨厌”。但讨厌别人并不是别人的错误，而是你自己的事情，只有调整自己的心态和讨厌的人好好处事，对自己和别人才更公平，你的职场生涯才会更顺利。

实际上，讨厌一个人并不一定是别人的错，明白这一点你才会心平气和地和你看不顺眼的人相处。因此，任何一个女人都要明白，若你想在事业上有所成，以健康适当的情绪、语言、举止和善意的态度，在同事间创造和谐的关系，是一个关键。

小蔡在一家外贸公司上班，今年二十三岁，很爱漂亮。这天下班后，她跟自己的男朋友抱怨新来的老刘真讨厌，跟他一起工作真是一件恶心的事。

“他怎么恶心你了？”

“倒没有恶心我，只是你不知道，他长得实在太难看了，他的脑袋上的头

发都能数的清，还有啊，他的品位真的让人不敢恭维，一个四十多岁的男人，整天穿什么黄色，粉色，真受不了，他也不知道照镜子看看。”小蔡一口气说了很多。

“那他长得难看是他的错吗？你以为所有人都和你男朋友一样帅啊？”小蔡的男朋友这么说，小蔡听完后，噗嗤一声笑了。

从这段对话中，我们发现，很多时候，我们讨厌一个人真的不是对方的错。而且，女性本身就是感性的动物，当她们看到一个与自己在穿着、打扮上风格不同的人，她们就会不舒服；如果她们遇到了与自己择偶观不同的人，她们也会把对方从自己的朋友圈子中踢出去；而如果在处事方法上与她们不同，她们大概一辈子都不希望与这样的人共事……而可能你没有意识到的是，正是因为这些不喜欢，便可能造成你与他正面交锋的时候矛盾与冲突的产生。

有句古诗叫“相看两不厌”，而实际上，对于你讨厌的人，和你正是“相看两厌的”，不但你讨厌他，他同样讨厌你。在这种情形下，如果谁都不懂得约束自己的情绪，自然越相处越相互讨厌，最后弄到无法收场，成为职场上的敌人。如果你对待和你不同的人都用这样的态度去处事，那就会处处树敌，无法生存，与讨厌的人共事最重要的是调整自己的心态。

因此，女孩们，不要再意气用事了，即使你不喜欢这个同事，即使你真的与其在观念上有差异，也要本着一切为了工作的原则，与其和谐相处。为此，你需要做到：

1. 以工作为中心

在职场上一起共事，千万不可凭自己感觉，你喜欢不喜欢一个同事不重要，重要的是要一起完成工作。无论何时将目标任务放在第一位，把个人情绪放在后面，才能让同事关系更和谐，任务更顺利。即使没有任务，你在职场上的最终目标无非是事业有成就，得到大家的认可，这和与每个人的相处都分不开，让敌人都佩服，才能算成功。理智地提醒自己这一点，你就很少

有先入为主的讨厌情绪。

2. 更尊重对方

与任何同事相处,都要以尊重为前提。而如果你不喜欢对方,那便更要重视“尊重”的作用,因为两个相互讨厌的人,往往观点更不一致,如果此时不讲“尊重”,会产生更多分歧,制造更多敌对情绪。对自己越看不顺眼的人越应该主动征求对方意见,主动尊重对方,这样可以使两个人之间变得融洽。

3. 出现分歧应就事论事

工作中,难免与同事产生意见上的分歧,如果真出现冲突,应理智进行解决,就事论事,不要掺入以往恩怨或者个人情绪,否则会更加复杂。尤其是双方在公事上出现较大分歧,应理智地说出自己这样处理的理由,然后询问对方这样处理的理由,综合考虑后再做出决断,不应意气用事;不应该武断认为对方在针对你;更不应该用过于激烈的情绪用词;更不应该进行人格侮辱或人身攻击。如果分歧不能达成一致,不妨做成两种方案,请上司裁断。

4. 不要在背地里说他坏话

身处职场,似乎有女人的地方,就有“小道消息”和“八卦新闻”,更有背后的指指点点,的确,女人总是闲不住的,但这正是职场女人较难拥有良好人际关系的原因,因此,不要在背后议论同事,尤其是自己讨厌的人,更不要说出讨厌他的理由。

总之,女孩们,身处职场,与同事交往,你要学会求同存异,不要妄图改变他人的想法,更不要采取不合作的态度共事,不要孤立自己不喜欢的同事,而应该首先调整自己的态度,在尊重的基础上宽容看待对方的行为,才能和所有人友好相处。

女孩要懂得把握好和同事的距离

任何一个二十来岁的女孩，自从你跨入职场的那一刻起，就注定都要与同事打交道。能和同事和睦相处也是每个女孩所期望的，因为只有同事间友好相处，才会有高效的工作效率、愉快的工作心情。但聪明的女孩们，你们必须明白的是，你若想在事业上获得成功，在工作中得心应手，就不得不深谙同事间相处的学问。

中国人常说："距离产生美"，这句话也同样适用于现代职场。那种不即不离、不远不近的同事关系，被认为是最难得和最理想的应酬哲学。有人把人际交往的距离准则比作"刺猬理论"，这是一个很简单的道理，特别是在同事之间，因为理念、文化、性格等各个方面的差异，必然就会造成亲疏之分。

这条理论告诉女孩们，与同事相处，既亲近，也要保持好距离：终日正襟危坐，说话太过严谨不好，这会给人造成一种不可亲近的印象，自然会与你疏远；而太近乎、太"知无不言，言无不尽"了也不好，容易让别人说闲话，也容易让上司误解，认为你是在搞小圈子，动机不良。说来说去，还是君子之交淡如水为好。

弗兰妮从事汽车销售工作。由于工作勤奋努力，加上对汽车专业知识的熟悉，她总是能为客户提供最优质的服务，也得到了客户的好评。在不到半年的时间里，弗兰妮的销售额就超过了公司绝大部分人，成为销售冠军。接着，又在短短的一年里，步步高升，事业可以说是一帆风顺。

而当初和弗兰妮一起进公司的几位女同事，限于能力和机会，却至今仍保持着原状。因此在大家相处之时，弗兰妮总觉得不太自然，甚至还有些战

战兢兢。为了拉近和她们的关系，也为了避免老同事们指责她过于高傲，她频频地请这几位老同事吃饭，而且说话也比过去更加小心、客气了，就连饭菜的档次也越来越高了。

岂料，这些同事并未领弗兰妮的情，反倒“反咬一口”，认为她简直得意忘形，太“招摇”了，甚至越发不平衡起来，认为弗兰妮就是靠请客吃饭这种卑鄙的手段换来今日的成就的，弗兰妮最终落了个“赔了夫人又折兵”，气得几乎吐血。

痛定思痛之后。决定卸掉包袱，轻装上阵，仅以平常心淡然面对平常事，一切竟然又应付自如了。公事上，弗兰妮秉着公正的原则来对待这些同事，奖罚分明，说一不二。私底下，仍然与她们保持一定距离，投契的就当作朋友一般看待，不能合拍的，也不再刻意去改善了。很奇怪的是，这些人再看到弗兰妮时，明显变得恭敬多了。

孟子说过：“人有不为也，而后可以有为。”弗兰妮的故事告诉所有职场经验尚浅的女孩们，只有和同事们保持合适距离，才能成为一个真正受同事欢迎的人。不论职位高低，每个人都有自己的工作范围和责任。所以在权力上，聪明的人都不喧宾夺主，但也永远不会说：“这不是我分内事”之类的话，因为过分泾渭分明只会搞坏同事间的关系，而过分泾渭不分，也不利于同事圈这一特定范围。

那么，身处职场，与同事相处，我们该怎样把握好度的问题呢？

1. 真诚地对每个人

可能经常会感到：周围的同事，不知如何与之相处？不能太过殷勤，又不能冷漠视之。你甚至时时怀疑有同事会对你不怀好意。那怎么办呢？

其实，你不必有太多顾虑，与同事相交，应本乎诚，应给予他们真诚的微笑；当他需要你的意见时，不要使劲给他戴高帽，做无意义的赞叹；而当他遇到任何工作中的困难时，要尽力而为伸出援助之手，而不是冷眼旁观，落井下石，甚至乘人之危；当同事无意中冒犯了你，又忘记或根本没意识到说声

"对不起"时,也应该有一个宽宏、豁达的心情,真心真意原谅他,日后一旦要有求于你,还要毫不犹豫地帮助他。

2. 与投机者不可过于亲密

每个人都愿意和自己情投意合的人相处,但事实上,任何人都有自己不为人知的一面。和对方过于亲密,很可能会触及对方不愿被人触及的一面,犯了其大忌,很多形影不离的办公室朋友就因为"放纵"自己的行为而导致友谊分崩离析;而同时,和对方过于亲密,一旦涉及升职、加薪上的矛盾,更会闹得不可开交。而避免的办法只有一个,那就是保持适当的距离!

3. 公私分明、不搞小圈子

公私分明是重要的,不搞小圈子也同样是多少"过来人"的经验。办公室中,总是有些女人,有事没事聚在一起,说长道短,而这,也常常是流言蜚语和是非的源头。

另外,女孩们,你还需要考虑的一个问题是,众多同事中,自然难免会有一两个特别投缘,私下里成了好友无可厚非,但这并不代表你可以公私不分、搞小圈子。一个公私不分的人。永远做不了大事,何况任何领导都讨厌这类人,认为不值得信赖。

女孩要能够主动关心和帮助同事

工作中,我们发现,在职场,有这样一些女孩,她们虽然参加工作不久,但她们却能做到得道多助,如鱼得水。也许我们会惊叹,她们的好人缘来自哪里?其实很简单,她们懂得发挥自己的性别优势,用真情与关怀打动了同事。当同事遇到了难以解决的问题时,她们能主动站出来,帮对方一把。

的确，善良是女人最好的品质，女性也具有与男性截然不同的性格特征。女性大多天性善良，而且比较细腻温柔。女性是天生的感性动物，她的表面看上去很平静，但内心却并非沉默，她们渴望着别人的关怀与问候，但她们更善于用女性的柔情关心他人，获得他人好感。

面对职场竞争，可能很多人都会各显神通，十八般武艺全都要一遍，以此挤走竞争者，这并没有错，但聪明人会利用自己的人际关系取胜，这时也是表现人格魅力的好时机。现代职场，那些人家关系好，深得同事喜欢的人机会会比那些孤军奋战的人多！

因此，真诚地关心同事要热情，当同事有求于自己时，只要是正当的，就要尽己所能满足对方的要求，当看到别人有困难时，要主动去帮助、关心和体贴。

朱婷婷是一家大型广告公司的主管，她来这家公司才半年多，原本，她只是个小职员，但因为她总是乐于助人，平时和大家相处得很好，在公司领导选举会议上，她被大家一致推选为部门主管。

一提到朱婷婷，公司同事绝对会这样评价：“她是个大好人。”曾经有一次，公司的张大姐家里出了事，她的老公因为贪污入狱，家里的财产也全部被充了公，而此时，她的女儿却得了急性肺炎。张大姐一边要替丈夫周旋，一边又要照顾自己的女儿，更关键的是，家里还有老人生病住院，简直分身乏术，朱婷婷知道后，二话不说，拿出自己积攒的一万块钱，先带张大姐的家人看病，然后还安慰张大姐：“别急，这些事情总会过去的，无论你遇到什么事，请一定要告诉我。”听完朱婷婷的一番话，张大姐的眼眶湿润了。她没想到，平时不大爱说话的朱婷婷居然是个这么热心的人。很快，张大姐家的事情都解决了。从此以后，她决定一定要好好报答朱婷婷。

还有一次，正准备下班的她看见新来的同事小王还在工作，就过去看看，没想到刚来的小王对公司的各种软件并不熟，正在一点点弄，她赶紧走回自己的办公桌，把自己整理好的文件拿给小王，并说：“看看这个吧，也许

对你有点帮助!”小王对她递了个很感激的眼神。

在这家公司,似乎所有的同事都被朱婷婷帮助过,因此,大家对她都很感激。

故事中的朱婷婷,之所以能被大家推选为主管,就是因为她是个热心的人,在同事需要帮助时,都伸出了援助之手。

的确,我们发现,真正在职场有好人缘的女性,会在同事遇到困难、情绪低落的时候,给予帮助和心灵上的安慰,此时,你一句嘘寒问暖的话都会让他感到你的友好,他也会记住你的好,因为人们都有报恩心理,尤其是自己落难时,别人的任何好处都会使得自己终生难忘。

的确,生活中常会有意外发生,如果同事突然碰到不测之事,要及时地、真心地安慰他们,对他们多些探望,多些陪伴,多些帮助。

因此,初入职场的女孩们,你若想拥有好人缘,就需要真心关怀身边的同事,真正做到发自内心地体会别人的感受,久而久之,对方一定会被你打动。相反,当他人需要你的帮助时,你选择袖手旁观,那么,对方只会认为你是个冷血的人,日后,当你需要他的支持,他也会以同样的态度对待你。

当然,除了在同事需要时主动出手外,真心关怀同事的方法还有很多,身处职场的女人们,只要你做个有心人,没有搞不好的人际关系,没有留不住的朋友!

女孩,别去惹职场小人

现代社会,人际间的竞争越来越激烈,在这样的大环境下,即使与我们朝夕相处的同事,也可能在背后对我们放冷箭。职场中,也就是有那么一些

人，在与人交往的时候，心怀鬼胎、作风不正、行事诡诈，冷不防就会对那些对有损他们利益的人要点手段，让人防不胜防，对于这样的人，我们做不到处处提防，但可以退避三舍。

可能不少初入职场的女孩会说，只要自己光明磊落就足矣，但你能保证别人也能做到吗？对于那些行事诡诈之人，只有远离他们，才能让自己有效地减少危险。

我们来看看娜娜的职场辛酸经历：

娜娜是一个单纯漂亮的女孩子，对什么都不怎么设防。从一所名校毕业的她顺利地找到了一份在一家艺术公司的工作，具体工作是给舞台礼服设计花样图案。她很珍惜这一份能发挥自己专业水准的工作，但工作几个月后的她发现自己的老板是个很抠门的人，每天都会看着办公室的员工们干活，看见谁偷懒，就会严格扣除工资，而他给娜娜的工资每月只有一千七，除掉房租勉强只够吃饭。因此，娜娜并不能和其他女孩一样可以大手大脚地花钱，即使想约朋友，也是把他们带回家里来，然后亲自下厨弄菜招待。

娜娜刚来公司的时候，认识了一个比她稍长一点的姐姐，因为在同一个学校毕业，而那个同事比她资深，算是个小领导，平时在公司也算对娜娜照顾，所以娜娜就死心塌地对人家好。

有一天，那位女同事因为和男友分手，心情不好，看到娜娜在工作，便不分青红皂白地把娜娜骂了一通。娜娜虽然也生气，但知道原因后，从那同事的角度想想后，也就原谅了那个同事，次日，她还是满面微笑地招呼那位同事，就当作什么也没发生过。

而那女同事压根儿就是个小人，看见娜娜没有生气，反倒觉得奇怪：“我这么对她，她居然没有一点儿记恨的表现，肯定是装的！”于是，这个女同事就心生恨意，准备先下手为强，将娜娜赶出公司。终于，她等到了机会。

不久两人去外地出差，客户选中了娜娜设计的几个方案，却没有挑中那

个同事的任何一个。娜娜还好心把样稿让一部分给那同事做，没想到对方压根儿不念好，更对娜娜记恨在心。

第三天，娜娜被公司一个电话提前召回，等待她的是放在桌子上的辞退通知信。她流着眼泪读信，感觉自己是不明不白地被辞退的。后来，有个心眼好的同事告诉她，原来是那位女同事在老板那儿说了坏话，说娜娜在外出差不好好干活，设计的图案一幅没被选中，还抽空溜出去玩。老板当场大怒，下令把欣欣立刻开除，其他人怎么劝也没用。

这时，娜娜才知道原来自己是被陷害了，还是被自己一直信任的人，她真是哭笑不得，她也不想解释太多，就收拾东西离开了公司。

娜娜的那位女同事，可以说简直是一个现代版的"以小人之心度君子之腹"的小人，这样的小人生活中自然不少，其实，娜娜落得如此悲惨的下场，也与她自己交友不慎有莫大的关系，她错就错在太善良，对人不留一手，把饿狼当知己，到头来还被饿狼咬了一口。

可能很多刚踏入职场的女孩们都会遇到了类似于这样的问题：那些前辈们一个个都对自己礼貌有加，为了能加深与前辈们的关系，你会主动将自己的一些小秘密与他们分享，你满以为自己已经在职场交到真正的朋友。可是，似乎升职、加薪都与你无缘，你满以为自己努力不够或者是运气不好，于是，即使你心存疑虑，但还是一直努力地工作着……但事实上，你根本没想到，是那些你所谓的"朋友"和"前辈"绊了你一脚。大多数在职场栽跟头的人都是因为没有避开这些"小人"的暗算。

可能很多女孩会产生疑问，那该如何对付这些小人呢？很简单，"惹不起你躲得起"。见面时，如果他有意亲近你，那么，你可以给自己找个借口离开现场；对于同一件工作任务，你最好不和他一起做！

总之，刚刚踏入职场，女孩们，即便要以"礼"待人，也要有防范之心。所谓的小人，他们都是工于心计的，和别人交往时，他们往往把自己真实的一面隐藏起来。交往中遇到这样的人，切记不要让他们完全掌握你的秘密和

底细，更不要为他们所利用，或一不小心陷入他们的圈套之中。

职场女孩当心“祸从口出”

职场中，可能不少女孩有这样的通病，就是在闲暇的时候喜欢议论他人，但“祸从口出”，你一句无心的话可能就被别人“翻译”得面目全非，然后传到被说者的耳中，影响了彼此间的关系。可见，“静坐常思己过，闲谈莫论人非”这句古人处世格言依然有应该遵循的地方。初入职场的女孩们，你要记住的是，我们无法控制别人去传播“是非”，那么最好的办法就看好自己，停止“是非”的传播，让自己的耳朵不去听“是非”。这样就会远离了“是非”小人了。

我们不难发现，办公室就是有这样一些爱聊八卦问题的女人，她们常常以探听他人隐私为乐趣。其实，探听他人私事在办公室中是最令人讨厌的一种行为。办公室不是让你八卦的地方，在工作中，你要尊重上司和同事的隐私与习惯。我们来看看下面这个故事：

小于是个爱说爱笑的女孩，因此，人缘不错。去年年底，她应聘上了某公司市场部职员的职位，其实，以小于的学历和能力，是进不了这样的大公司的，但原来这个职位上的一个叫朱莉的女孩辞职了，小于就很幸运地顶替了她的位置；一个萝卜一个坑，朱莉的电脑自然也归小于这个新“萝卜”用。上班没多久，小于便在一天午饭时眉飞色舞：“前面那个人蛮有趣的嘛，在电脑里留了很多小说，有一篇写得挺有意思的，不晓得她在哪里下的……你们要看不？”

午休时间，大家都说不看白不看。于是，同事邮箱里都收到了小于发过

来的小说,开篇第一句就是:“爱上我的上司安森,已经两年。”——不幸的是,女主角名叫朱莉,部门经理也叫安森。更不幸的是,这绝不是小说,小于看不出,其他同事却一眼就发觉了。但不幸中的万幸,是小于没有“邮件群发”,只发给了几个她聊得来的,部门经理就没有收到。

大家看完了面面相觑,倒把小于吓到了。有人拍拍她的肩,“删掉这篇文章吧,以后不要提……”叫她不提,可私下里,同事们怎么忍得住:“朱莉怎么那么粗心?走的时候都不‘格(式化)’硬盘?”“她暗恋了那么久,经理说不定是知道的,还是不理她。她这么明摆着是让这些东西漏出来让经理难堪嘛!”“也不一定,说不定她在等着有一天可以传到经理耳朵里,反正他太太也不在上海……”

不知道这篇在公司里传来传去的“暗恋日记”最终有没有传到经理那里,总之小于在经理手下干得很不开心,半年不到就辞职了。

这个职场故事中,职员小于实在是个冤大头,而她犯的错误就在于不该揭露别人的隐私,说了闲话,而且还涉及领导,自然,只能以辞职来解决此事。

的确,职场中,人与人之间的关系很复杂也很敏感,特别是在办公室这种场合,几个人在一起就闲聊起来。有时说到某个人时,还会扯出一大串人家的私事。在这种时候,很多女人,把持不住自己,就会附和着说起某人的私人问题来,有时候这种交谈会被添油加醋地传到那个同事的耳朵里,你们的关系恐怕要蒙上一层阴影。

那么,当周围的同事议论他人时。我们该如何做呢?

1. 安心工作,多干少说

任何一个精明的职场女性,都不会涉足那些无聊的八卦问题,因为这是终结你的职业生涯的致命武器。

因此,你要把注意力始终放在工作上,多干活,少说话,不仅能有效避免这些八卦话题,还能给领导留下勤奋、踏实肯干、厚道的印象。

2. 谢绝不实的八卦

办公室中，人多嘴杂，总是有那么一些唯恐天下不乱的分子，他们喜欢拿这些八卦问题来作为谈资，对此，最好的方法就是采取三“不”：“不听、不问、不参与”。

不做八卦传声筒，你就不易卷入是非之中。对方如果挑明想知道你的意见，保持微笑、借口忙碌，或者假借接电话拉开距离，都是不着痕迹的暗示。

而当你被人误解时，你也不要急于解释。否则，只会越描越黑，其实最好的解决之道就是保持沉默、沉淀心情，让时间替你解释一切。因为，不存在的事并不会因为多说几次就发生，相反地，一个人对你有刻板偏见，也不是几句辩白就能改善，真的不如把力气留在更有意义的事情上。

3. 远离挑唆离间

“你可能不知道吧，昨天下班后，我看见小刘和几个朋友一起在咖啡厅说你的坏话，你怎么得罪她了？”“小张说你是周主任的表妹，是吗？她说你是靠亲戚关系进公司的，是吗？”……办公室里常常会飘出这样的流言蜚语。要知道这些谣言是职场中的“软刀子”，是一种杀伤力和损坏性很强的兵器，这种危害能够间接作用于人的心灵，它会让遭到危害的人十分厌倦不堪。

女孩们，当你能做到“不论人非”的时候，更要懂得“静坐常思己过”，这是一种自我反省的功夫。与人交往的时候，多想想自己的不足，自然就减少了对别人的抱怨、嫉恨或报复的心情；同时也得到一些警惕，以后将不再犯同样的过错。当你能真正做到这一点的时候，为人处世的功夫自然会更上一层楼！

如何处理男女同事的关系

可能不少初入职场的女孩会有这样的疑问：在小小的办公室，男女同事间如何相处？与异性同事又该怎么说话才能赢得好感而不失分寸呢？交谈时，因对方性别不同，方式也有所不同。同性的同事之间的谈话可以随便些，而对于异性同事，谈话就应特别当心。并不是要处处设防，步步为营，但起码"男女有别"还是不错的。因为两性距离，复杂而微妙，处理不好，对工作、人际交往和心态都会产生不利的影响。比如一位女同事，身材肥胖，你千万不能"胖子，胖子"地乱叫；但换了位男同事，叫他几声"胖子"，他可能丝毫不介意。也就是说，初入职场的女孩们，与异性同事相处，也要掌握一定的礼仪。

具体来说，我们可以从以下几个方面努力：

1. 注意细节，达到沟通效果

男女性别的不同、先天思维习惯等的不同，职场中异性同事之间沟通难免会遇到些困难。因此，有职场女孩会问：难道职场异性同事之间注定就不能实现有效沟通？这倒不是，职场专家指出，只要你从细节上多注意些，职场异性同事同样能实现有效沟通。比如，作为女性，与男同事说话，态度应庄重大方，温和端庄，切不可搔首弄姿，过于轻佻。

可能你也发现，一些男同事在女同事面前，往往喜欢夸夸其谈，谈自己的冒险经历，谈自己的事业及自己的好恶，更喜欢发表自己的意见，让听者感到惊奇与钦佩。所以男同事需要的是一个倾听者。对此，你可以当一个倾听者，请注意不要太唠叨，声音太大，不要总想找机会打岔，纠正对方或对

家里的长短抱怨不停……但是，如果对方令你难以忍受，那么请巧妙地打断他的话或干脆直截了当地告诉他：“对不起，我还有事。”

2. 注意表达

职场专家指出，在职场上，男性像赴战场准备作战，女性却像前往社区服务中心建立人际关系，因此男性的工作方式较具战斗性，而女性却倾向于合作。如此不同的风格意味着，冲突和混乱不可避免。

那么，职场男女如何沟通才有效呢？

对于职场女性来说，专家的建议是，要特别注意说话的措辞和语气，因为这决定了男性到底会有多认真聆听。女性常在无意间使用“自我削弱力量”的字句，例如“好吧”“也许”“好像”“大概”及“我不确定这是不是个好主意，但是……”这样的字句会使得女性显得缺乏力量，要尽量避免。

另外，对女性而言，提出问题是获得信息的有效方法，不过男性会据此认为：“她所知不够，应该无法胜任。”因为他们不喜欢提问，原因是他们从小就被教导，身为男人的责任就是提供所有答案，表现自己“无所不知”。为了赢得权力和尊重，女性需要弥补声音较尖细、柔和的特质，同时多用充满自信、陈述事实的语句，少用听起来较像提问的句子。

3. 不隔离，不疏远

其实，无论男女，与异性同事交谈或者沟通，首先要建立健康的心态。也只有这样，才能大方地与异性说话，也才能让对方感觉到你是随和的人，也会以同样的心态与你说话。我们要知道，现代社会，与异性一起工作是非常普遍的现象，不能再以男女授受不亲的老观念来束缚自己。即使已婚，也不表示要和异性隔离。过分拒绝和异性相处可能妨碍职场角色的发挥，也是心理有障碍的表现。我们必须承认，两性共有的工作空间通常比单一性别的环境要来得愉快和谐，工作效率会更高。想在工作场合与异性隔离，不仅不可能，也不合理。

总结起来，年轻女孩在职场与异性同事相处的秘诀在于：

①只在男性要求时提出劝告，而且最好是私下为之；

②说话时肯定而有自信，同时提高音量；

③避免经常谈论问题，着重如何解决问题；

④避免漫无边际的闲聊，直接切入中心；

⑤不要太在意批评。

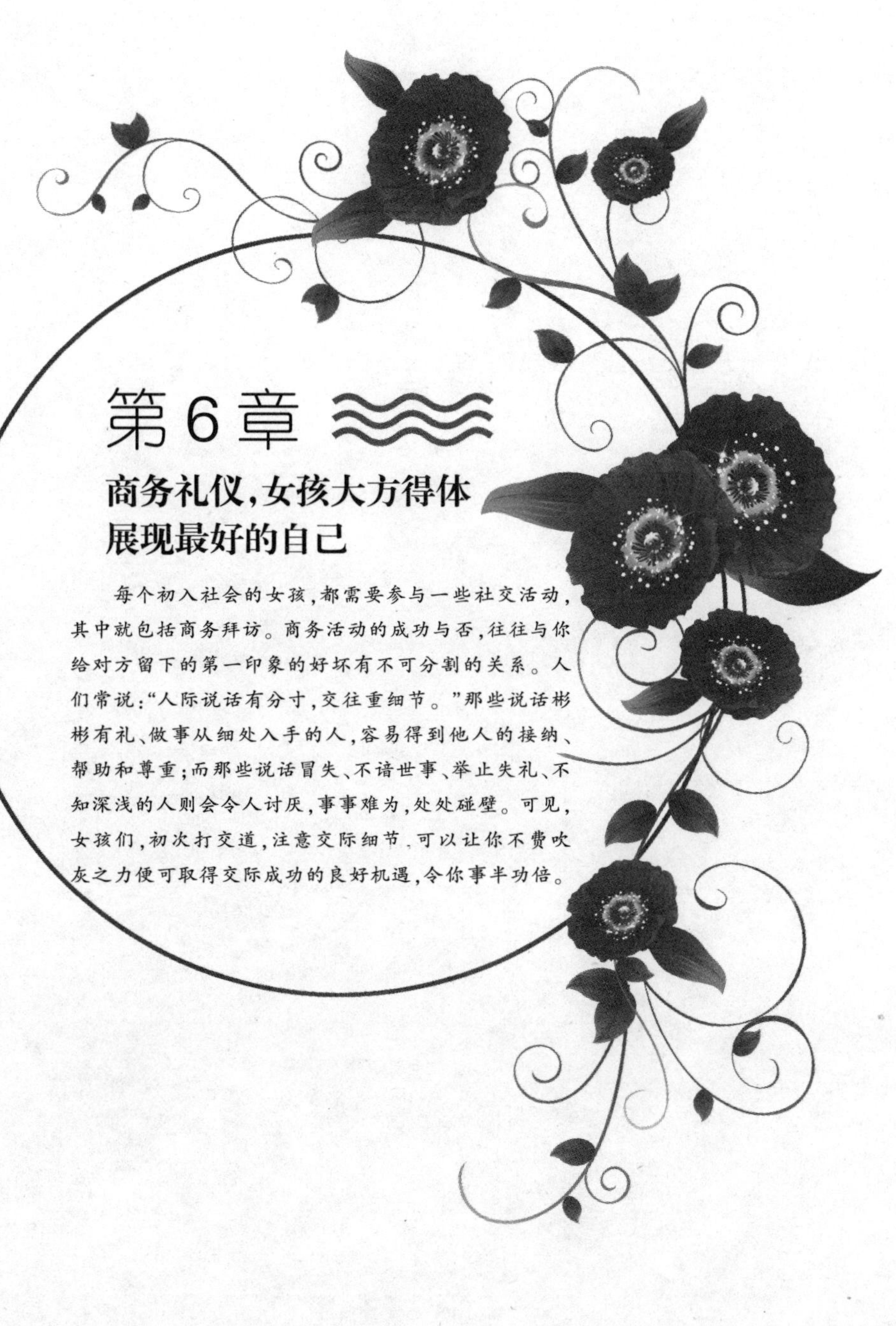

第6章

商务礼仪,女孩大方得体展现最好的自己

每个初入社会的女孩,都需要参与一些社交活动,其中就包括商务拜访。商务活动的成功与否,往往与你给对方留下的第一印象的好坏有不可分割的关系。人们常说:“人际说话有分寸,交往重细节。”那些说话彬彬有礼、做事从细处入手的人,容易得到他人的接纳、帮助和尊重;而那些说话冒失、不谙世事、举止失礼、不知深浅的人则会令人讨厌,事事难为,处处碰壁。可见,女孩们,初次打交道,注意交际细节,可以让你不费吹灰之力便可取得交际成功的良好机遇,令你事半功倍。

女孩学会寒暄技巧，保持情谊温度

相信任何一个离开学校、参加社会工作的女孩，都免不了要与人交往，其中就包括商务拜访，此时，你给对方的印象如何，也决定了你能否达到拜访目的。在拜访过程中，你可能常常会出现这样的状况：大家似乎都不愿意主动开口而导致了场面冷清、尴尬，此时，该如何是好？要知道，只有沟通才是实现应酬目的的最根本方法，此时，如果你懂得恰当的寒暄，就能处理好这一步，使交谈气氛迅速融洽起来，进而有利于下一步的沟通。

可以说，客套寒暄，是任何一个二十来岁的女孩需要学习的说话礼仪。寒暄者，应酬之语也。是作为交谈的"开场白"来被使用的。寒暄的主要的用途，是在人际交往中打破僵局，缩短人际距离，向交谈对象表示自己的敬意，或是借以向对方表示乐于结交之意。所以说，应酬中，在与他人见面之时，若能选用适当的寒暄语，往往会为双方进一步的交谈，做好良好的铺垫。而不谙寒暄的礼仪，则显得有失交际水准。比如，在当被介绍给他人之后，应当跟对方寒暄。若只向他点点头，或是只握一下手，通常会被理解为不想与之深谈，不愿与之结交；碰上熟人，也应当跟他寒暄一两句。若视若不见，不置一辞，难免显得自己妄自尊大。

程倩是一名销售新手，她主要销售的是护肤品。她是个机灵的小姑娘，但常常因为口无遮拦，得罪不少客户。

有一天，店里的老客户陈女士来了，陈女士和丈夫刚离婚半个月。但似乎心情也不差。

这位陈女士原本是店长的好朋友，程倩便想过去套套近乎，就主动和对方打招呼:“陈姐,最近皮肤保养的不错啊。”

“哪里有?你真是说笑了。”

“我可没开玩笑,比你没离婚的时候还好呢!”程倩刚一说完,陈女士的脸色马上就变了。这一点,程倩也感觉到了,为了挽回自己的过失,她准备弥补一下。

“你看我这乌鸦嘴,其实,离婚了也没什么不好,您还拿到了一大笔孩子的抚养费,这也不错。”这话不说倒好,程倩一说出口,对方的脸色更差了。程倩知道无法挽回了,也不再作声。后来,这位陈女士再也没来过店里购买过保养品。

遇到老客户,自然需要寒暄一番,若视若不见,不置一辞,难免显得自己妄自尊大。但很明显,程倩的寒暄之语却适得其反,开罪了客户。可见,我们在与人寒暄的时候,一定要考虑对方的心情,不可胡乱寒暄。

寒暄在商务应酬中的作用是十分重要的,但并不是任意的寒暄都能起到这种作用。不恰当的寒暄很可能会弄巧成拙。

我们要想让寒暄起到应有的效果,女孩们,你需要注意以下几点:

1. 寒暄要视双方关系的亲疏而定

①跟初次见面的人寒暄时

此时的寒暄一定要以礼貌为主,不可太过套近乎,最标准的说法是:“你好!”“很高兴能认识您”。“见到您非常荣幸”。也可以说:“早听说过您的大名”“某某某经常跟我谈起您”,或是“我早就拜读过您的大作”“我听过您作的报告”,等等。

②跟熟人寒暄时

与熟人寒暄,应该尽量显得亲切一点,不要过于生分,比如,你可以说“好久没见了”“又见面了”“您的发型真棒”等。

2. 根据寒暄的对象而定

在商务场合,无论从性格还是年龄上,我们都应该考虑到,与人寒暄时

的口吻、话题等都应该有所变化，比如，如果你是下属，你是宴会的主人，那么，你就应该尽量体现你对对方的尊敬和仰慕，反过来，如果你是上司，那么，你最好能表现得平易近人一点。

3. 根据不同的应酬场合而定

庄重场合要注意分寸，一般场合则可以随便些。拜访人家时要表现出谦和，不妨说一句“打扰您了”。接待来访时应表现出热情，不妨说一句“欢迎”。

4. 寒暄语应带有友好之意，敬重之心

寒暄不容许怠慢、敷衍了解，也不可嘲弄他人。“来了”“瞧您那德性”“喂，您又长膘了”，等等，自然均应禁用。

英国著名作家托马斯·卡莱尔曾说：“礼貌比法律更强有力。”而寒暄就是一种礼貌，寒暄语不一定具有实质性内容，而且可长可短，但需要因人、因时、因地而异，我们需要掌握这点，才能真正发挥寒暄在人际交往中的作用！

聪明的女孩，学会用名片“推销自己”

现代社会，几乎人人都会使用名片。名片是当代社会不论私人交往还是公务往来中最经济实惠，最通用的介绍媒介，具有证明身份、广交朋友、联络感情、表达情意等多种功能。对于那些刚离开学校的二十来岁的女孩来说，也许你们来到职场工作的第一步就是印名片。从某种程度来讲，名片就是我们身份的代表。在商务拜访中，我们通常免不了要介绍自己，此时，你需要懂得如何运用名片的礼仪。

麦琪现在已经是一家知名风投公司的投资人，最近，她看好了一家小公

司，准备对其进行投资，但在见面时，对方的态度却让她大失所望。

这天，麦琪和助手到了这家公司，为了方便起见，对方就把午饭安排在了公司附近的一家酒店。到达吃饭地点后，双方按照程序，进行了一番自我介绍以后，便进入了交换名片的环节，麦琪的助手把她的名片递到对方公司接待人员手中，而令麦琪惊奇的是，对方竟然丝毫没有看她的名片就直接把它丢到桌子上，也没有再回赠名片的意思。

整个饭桌上，麦琪都不怎么高兴，也没怎么说话，原本打算了解的关于这家公司的很多问题也都不想问了。

第二天，这位公司的负责人前来咨询投资的事。对此，麦琪的回答是："我是不会与这么不懂礼节的公司合作的，我想贵公司现在需要做的是先给员工上一门礼仪课。"

这则案例中，这家公司为什么失去了一个被投资的机会？问题出在了名片上。从这里，我们看出一点，现代社会，名片在人际交往上的重要性。

相信很多女孩都了解过推销大师乔·吉拉德的推销事迹，我们不妨来看看他是如何运用名片的：他到处递送名片，在餐馆就餐付账时，他要把名片夹在账单中；在运动场上，他把名片大把大把地抛向空中。名片漫天飞舞，就像雪花一样，飘散在运动场的每一个角落。你可能对这种做法感到奇怪。但乔认为，这种做法帮他做成了一笔笔生意。

自此，在乔·吉拉德的推销生涯中，他从不忘时时推销自己。在全世界，人们都问乔·吉拉德同样一个问题：你是怎样卖出东西的？生意的机会遍布每一个细节。对此，吉拉德的回答是："给你个选择：你可以留着这张名片，也可以扔掉它。如果留下，你知道我是干什么的、卖什么的，细节全部掌握。"乔·吉拉德认为，推销的要点是：不是推销产品，而是推销自己。

为什么会有这么多人知道乔·吉拉德？原因很简单，乔·吉拉德比任何一个销售员都善于推销自己。你可能对这种做法感到奇怪。但就是这些小小的纸片，让人们认识了乔·吉拉德，帮他售出了一辆辆汽车。

从这里,女孩们,你也应该有所启发——通过名片"推销"自己。现代社会,名片是建立企业诚信,提高品牌知名度,建立销售渠道最实惠的工具。因为它花钱少,而且直观,保存时间又长,因此在商务应酬中有着不可替代的作用。正因为如此,我们要重视通过名片来推销自己:

如果拜访客户时,一定带高档的名片,比较适合收藏。这样的情况,因为有时间相互了解,有可能成为朋友,名片侧重于自己的名字,做了朋友就能做生意。

在派发名片时,一定要双手递出看着对方的眼睛表示尊重。在接对方的名片时,一定要要看看对方的名片,然后再装进上衣口袋。

一定不要忘记把对方的名片装好,当着对方的面随便丢弃对方的名片是非常不礼貌的。会影响生意的达成,给对方一种无教养的感觉。

总之,女孩们,如果你懂得正确、恰到好处地使用名片,是能起到很好地"推销"自己的作用的!

女孩要学会商务场合的握手礼仪

握手,是交际中一个重要部分。通常,和人初次见面,熟人久别重逢,告辞或送行等都可以以握手表示自己的善意。握手是交往中最常见、最普通的礼节。然而,一个简单的动作,却有很大的学问,会不会握手,如何握手才显得大方,是每个初入社会的女孩需要掌握的社交礼仪。美国著名盲聋女作家海伦·凯勒说:"我接触的手有些能拒人千里之外;也有些人的手充满阳光,你会感到很温暖……"

晴晴今年已经二十八岁,跨入了大龄剩女的行列。和所有处在这个尴

尬的年纪的人一样，在她的心里其实是渴望爱情的，但工作环境相对封闭的她实在缺少与异性交往的机会，于是，只好接受家里或朋友安排的相亲，半年下来，却无所获。

后来，晴晴在网上认识青年阿东，阿东比晴晴大两岁，晴晴的大方、善解人意深深吸引了阿东，而晴晴也欣赏阿东的细腻、柔情。在网上交谈了一个多星期后，阿东提出与晴晴见面，晴晴也答应了。

会面的地点是一家优雅的咖啡厅。晴晴在出门前精心打扮了一下，穿一袭白色的连衣裙，将晴晴清新脱俗的气质完美地展现了出来。不过周五晚上，交通似乎很堵，晴晴赶到咖啡厅的时候，已经晚了大约十分钟，晴晴为此有点儿紧张，她生怕让对方留下不好的印象，不过，她在进门前还是深呼吸了一口，她看到帅气的阿东已经在四处张望、寻找晴晴的影子了。于是，晴晴很大方地走过去，然后伸出右手，说了声“你好”，令晴晴感到奇怪的是，对方在回句“你好”的同时，只是在手心搓了搓，并未伸出手与晴晴握手，这让晴晴感到很不舒服，她心想：“难道是他介意我迟到十分钟吗？即便如此，也不能这么没礼貌吧？”

接下来，整个过程中，尽管阿东在努力寻找话题，也无法让晴晴找到舒适的感觉，半个小时的谈话过程对于晴晴来说实在是煎熬。当然，他们之间也就没有了下文。

半年后，晴晴通过相亲认识了一名不错的男孩，并成功结婚。一次在上网时偶尔想起这个阿东，便和对方打了个招呼，然后聊了起来，提到当日的情形，阿东还是很疑惑：“我不知道自己哪里做错了，说实话，很喜欢你，但我觉得你对我应该没什么意思，就没纠缠你了。你说那时没和你握手，是因为我当时太紧张了，手心都是汗，我觉得这样的状态下和一个女士握手，实在很尴尬，哎，没想到，就这样让你生了误会……”

很令人惋惜的一个故事，故事中，男孩阿东因为拒绝和女孩晴晴握手而失去了心爱的姑娘，我们都知道这是一个误会，但却告诉我们，拒绝和别人

握手是极其不礼貌的行为，会引起对方的不快甚至反感。

握手在人际交往中的重要性，那么，我们该怎样才能“握好手”呢？为此，我们需要注意以下几点：

先做自我介绍，再伸出你的手。通常是高职位的人或者女人、长者先伸手，表示愿意与对方握手。如果他们没伸手，你应该等待。若是对方非常积极主动地先伸出手来，你一定要去回握，否则不但会让对方感到尴尬，也会显得你不懂礼仪。

握手时，要与对方目光接触，面带笑容。目光接触显示了你对别人的重视和兴趣，也表现了你的自信和坦然，同时还可以观察对方的表情。

握手时，距对方约一步远，上身稍向前倾，两足立正，伸出右手，四指并拢，虎口相交，拇指张开下滑，向受礼者握手。

掌心向下握住对方的手，显示着一个人强烈的支配欲，无声地告诉别人，他此时处于高人一等的地位。应尽量避免这种傲慢无礼的握手方式。

相反，掌心向里握手显示出一个人的谦卑和毕恭毕敬。平等而自然的握手姿态是两手的手掌都处于垂直状态。这是一种最普通也最稳妥的握手方式。

如果需要和多人握手，握手时要讲究先后次序，由尊而卑，即先年长者后年幼者，先长辈再晚辈，先老师后学生，先女士后男士，先已婚者后未婚者，先上级后下级。

在公务场合，握手时伸手的先后次序主要取决于职位、身份。而在社交、休闲场合，它主要取决于年龄、性别、婚否。

握手要有一定的力度，它表示了你坚定、有力的性格和热切的态度。没有力度的手就是“死鱼”式的手。但也不要握得太紧，好像要把对方的骨头都捏碎一样，显得你居心不良。

握手时间约为5秒，如果少于5秒显得过于仓促，握得太久会显得过于热情，尤其是男性握着女性的手，握得太久，容易引起对方的防范之心。

当然，女孩们，你还需要记住的一点是，如果你的手容易出汗，千万要在握手前悄悄把手擦干。当然，当你在握手时，不妨说一些问候的话，可以握紧对方的手，语气应直接而且肯定，并在加强重要字眼时，紧握着对方的手，来加强对方对你的印象。

女孩得体"称呼"，让对方感觉温暖亲切

中国历来是一个礼仪之邦，这里的一个重要的礼仪就是"称呼"。称呼指的是人们在日常交往应酬之中，所采用的彼此之间的称谓语。交际通常自称呼而始。称呼是极为重要的事情，不妥当的称呼很容易让他人产生反感，甚至嫉恨在心久久无法释怀。然而现实生活中，一些入世未深的女孩却不太注意此点。当你和别人见面的时候，这个称呼的问题，往往是绕不过的。

生活中，我们经常可以发现这样一些女孩，不谙世事，商务应酬场合，与人初次见面，就直入主题："我今天来，是为了……"这句话通常令对方感到不舒服，但你若使用恰到好处的尊称："赵先生，您好，打扰您了……"对方就比较舒服。可见，称呼有道，才会让对方听着顺耳。

古时候，有个青年人骑马赶路，眼看天近黄昏，前不着村，后不着店，心里很是着急。正好，有个老汉路过，青年人扬声喊道："老头儿，这儿离客店还有多远啊？"老汉回答："五里。"青年人跑了十几里路都没有见到客店的影子，他在暗暗骂着那老汉时，却突然省悟：哪是"五里"呀，分明是"无礼"！老汉在责怪他不讲礼貌！于是马上掉头往回赶，见着那老汉就翻身下马，叫了声"大爷"，没等他说完，老汉就说："客店早已过了，你要不嫌弃的话，就到我

家住一宿吧。”

青年人问路，直呼“老头儿”，开口不逊，老人很反感，让他白跑了十几里路；而当他省悟有“礼”时，老人不等他再说，就留他住宿，解他一时之困。由此可见交往中合乎礼仪的称呼的重要性。

商务场合，称呼不仅是关键之点，而且也是起始之处，应该说它是人际交往的一个重要开端。在人际交往中，选择正确、适当的称呼，反映着自身的教养、对对方尊敬的程度，甚至还体现着双方关系发展所达到的程度和社会的风尚，因此对它不能疏忽大意，随便乱用。

下面，我们将较为详尽地介绍有关称呼的基本礼仪。

1. 要合乎常规

常规称呼，即人们平时约定俗成的较为规范的称呼。但合乎常规的称呼，也是有一定的条件限制的。比如，在中国，就不可直呼父母或者长辈的名字；而在国外欧美的国家里，是讲究人的平等的，所以孩子直呼其父母的名字是很正常的。

2. 要照顾被称呼者的个人习惯

人和人是不一样的，有的时候人们称呼上的习惯也不一样。像我们的老一辈革命家，都有一些约定俗成的称呼：毛泽东同志，我们叫他“毛主席”。周恩来总理，我们叫他“周总理”。而刘少奇主席，人们则习惯叫他“少奇同志”。

3. 要入乡随俗

我们在使用称呼的时候，还要考虑入乡随俗的问题。十里不同风，百里不同俗，千里不同国。倘若习俗不一样，称呼往往不大一样。

4. 要区分具体场合

在称呼的具体使用过程中，一定要区分场合。在不同的场合，应该采用不同的称呼，在党和政府内部，大家通常互称同志。但是在国际交往中，面对外国友人的时候，就不能称呼人家同志了吧，而应该称呼人家为主席、总

理、部长，以示场合有别、身份有别。称呼，实际上是表示身份有别的一种常规做法。

在称呼他人的时候，以上四条规则都很重要：遵守常规；区分场合；入乡随俗；尊重习惯。所有这一切，都是建立于尊重被称呼者的基础上的。

平时，我们所常用的称呼方式都有哪些呢？我们在一般性的交际场合里所使用的通常都是常规性称呼。此类称呼，大体上共有以下五种。

①行政职务。比如，“李校长”“王局长”“何总经理”“刘董事长”等，这些都是我们所称的行政职务，即头衔。

②技术职称。称技术职称，说明被称呼者是该领域内的权威人士，暗示他在这个方面是说话得算数的人。比如，“李总工程师”“王会计师”，等等，就是技术职称。

③学术头衔。这个跟技术职称不太一样，它实际上是一个技术含量较高的头衔，比如，你叫我“金教授”。这类称呼，实际上是表示他们在专业技术方面的造诣如何，是其学术水平和学术水准的问题。

④行业称呼。和外人打交道的时候，如果你知道对方是什么级别的话，你就可以此去称呼对方。不知道的话，那就得使用行业称呼了，比如，“解放军同志”“警察先生”“医生”“护士小姐”，等等。这些都是行业称呼，是我们平常使用的比较多的一种称呼。

⑤泛尊称。泛尊称，实际上更适合与完全陌生的人打交道的时候使用。比如，称女孩子的话，就叫“小姐”。称已婚女人的话，就可以叫“夫人”，也可以叫“太太”。称呼男士的话，可以叫“先生”。不分男女的话，可以叫“同志”。从某种意义上来讲，除了性别差异之外，它们都可以以不变应万变。我们称为泛尊称。

总之，在日常生活中，女孩们，你要明白，在称呼他人时应当亲切、自然、准确、合理，不可肆意为之，大而化之。

女孩选好礼物，敲开对方的心门

在日常生活中，我们常说“礼多人不怪”，现代社会，无论是求人办事还是联络感情，更是少不了送礼。同样，对于那些刚进入社会的二十来岁的女孩，学会如何送礼更是一学门问。尤其是在商务场合，你会发现，小小的礼物能拉近彼此之间的距离。有人将礼物作为“敲门砖”，的确，这样一块敲门砖不仅能够敲开对方的门，还能敲开对方的心，更为重要的是，礼物可以帮助我们投资更多的人情。

王小姐筹集资金打算创办一所艺术学校，经过了半年的努力，终于有了眉目，可是，就还差中专学历这一关了。这该怎么办呢？后来，通过朋友的介绍，她决定去拜访区教委的一位委员。一般来说，要想办事，多少得表现自己的一点儿心意，买点儿什么礼品，但是，王小姐却空着手就去了。原来，王小姐了解到这位委员脾气很大，为人刚正廉洁，对社会上的歪风邪气深恶痛绝，之前有许多人送礼办事，结果都是吃了闭门羹，不然就是被逐出门，自然事情也没办成。

就这样，王小姐只带了一张笑脸就去了，她说：“本来在您休息的时候打扰您，这是很不礼貌的，请您原谅。这次拜访您，是办学申请学历的事情，申请已经交上去了，可是没等到消息，教委那边我没熟人，朋友就介绍我到您这里来，希望你关照一下，如果申请不够充分，希望你在审批时指点一下，我再重新申请。”那位委员却回答得模棱两可：“如果你具备了各方面的条件，应该会批准的。”这时，王小姐留意了一下，他发现委员客厅里有几十块“砚台”，凭着自己的直觉，感觉这位委员应该对“砚墨”有特别喜好。

王小姐第二次拜访时，带来了一件礼物，那是唐朝制成的一块“砚台”。见面寒暄后，王小姐从皮包里掏出了报纸裹好的“砖头”，对委员说：“上周我回了一趟老家，在废石堆里发现了这块带字的砖头，就带了回来，我也不懂得，今天带来，您给看一下。”那位委员接过了砖头，左看右看，又拿起了放大镜仔细观察，惊讶地说：“这是墨砚，看来是精雕细琢过的，这肯定是哪位名人用过的，真是宝贝啊！”王小姐回答却很随意：“不过是块烂砖头，如果您不嫌放在家里碍事，您就垫花盆用吧，我就不打扰您了，告辞了。”没过几天，王小姐接到了通知，自己学校的学历问题解决了。

王小姐所送的“墨砚”既别出心裁，同时，也很符合对方的心意，这样一来，办事焉有不成功之理呢？

同样，女孩们，在商务应酬中，我们选择礼物也需要考虑其艺术性、趣味性、纪念性等多方面的因素，这样看起来就显得别出心裁，不落俗套。当然，选择礼物的首要条件需要考虑其兴趣爱好，如此投其所好，才能打动对方。

我们在送礼时，应注意以下几点：

1. 送礼因人而异

给不同的人送礼，有不同的讲究，如果你送礼的对象是病人，那么，你可以送一些补品；如果对方是刚退休的老人，那么，你可以送一些书籍或者养生的物品；而如果对方是外地来旅游的人，你可以送当地的一些特产。但无论如何，都不要送对方不喜欢的礼物，因为送礼的最终目的是使别人身心愉悦。

2. 礼物切记二手货

3. 不是所有人都喜欢实用的礼物

你可能认为实用的礼物更能表达自己的心意，实则不然，因为这类礼物一般体现不了你的想象力。送礼要在实用和不实用之间，掌握好度。对高人雅士，一卷书可能比什么都强，礼品到底是礼品，不宜实用过头。

4. 不要在礼物上留下价格标签

无论你的礼物价值多少，都首先要撕掉价签。送一份明码标价的礼物，好像在提醒对方，你的礼物很贵重，好像你是在期待回赠，其实你是无心之失，也会让别人误会，造成不必要的尴尬。

5. 礼物要有美丽的包装

一定要精心挑选包装。再好的心意也需要美丽的包装，这样才可以显出你精心准备的诚心。

6. 礼物最好要有新意

现在人追求个性，越是奇特的礼物，他越是喜欢，如果要送礼给一个对什么也不感兴趣或什么也不缺的人，那真是最麻烦的事情。不妨动点脑筋，别出心裁地自己动手做一个礼物，自制的礼物是世上独一无二的，它会表达你的心思。

可见，送出合适的礼物，既不让你花太多的冤枉钱，也能让别人感受到你的心意，丝毫没有任何的小气之嫌。俗话说的好："千里送鹅毛，礼轻情意重。"只要用心，受礼物的人一定能感受到。一个会送礼的女孩，往往拥有好人缘和好的人际关系，能让人情为己所用，在成功的路上助自己一臂之力。

与客户打交道，注意细节上的"礼仪"

现实生活中，相信有不少二十来岁的女孩都在从事销售行业，人们常说："销售是最具挑战性的职业。"因为世界上80%的富翁都曾是销售人员。不难想象，让客户认可我们是把产品卖出去的前提。但实际上，任何一位客

户，在接触销售员之初，都是“防卫的”，我们只有在能迅速地打开潜在客户的“心防”后，才能敞开客户的心胸，客户才可能用心听您的谈话。

“天下难事，必做于易；天下大事，必做于细。”销售工作从寻找潜在客户，到与客户见面、交谈等开发客户的过程中，有着数不清的细节问题，一个细节就有可能感动客户、促成交易；一个细节也有可能引起反感、失去客户。女孩们，如果你也从事销售工作，如果你想给客户留下一个值得信赖的形象，就要注意细节问题，一举一动都要讲究礼仪，都要从关心客户的角度出发，以展现你的涵养。

一天，小小又被领导拉去应酬了。这次，是要与一个大客户吃饭，听领导说，这次是笔大生意。小小很细心，出门前，她询问了一下领导，客户有哪些特别之处。结果。领导的回答是：“没啥特别，就是有点高血压，有点老胃病，都是应酬弄的。”小小记下了这点。

来到饭店，就点菜问题，领导和客户互相推辞，最后，大家决定把这项权利交给小小。小小心想，这是自己表现的时候了。不到一会儿，小小就点了一桌子菜。

这时，小小诚恳地对客户说：“王总，订餐之前，我已经跟酒店嘱咐过了，炒菜不要用动物油特别是猪油，而要用植物油，桌子上基本上是低脂肪、低热量的菜，您可以放心食用；还有，这道白菜心拌海蜇皮，您先尝尝。这是道正宗的醒酒菜，还有护胃的功能。”

“嗯，味道不错，吃惯了大鱼大肉，吃这道菜，还真是挺有味儿。你说它能醒酒?”客户提出了疑问。

“是的，现在市面上有很多种醒酒的药物，但我觉得是药三分毒，我们还不如吃这种营养又健康的蔬菜。”小小语重心长地说。

这时候，领导也插了一句：“王总，你可别小瞧这丫头，她可是我们公司有名的美食、健康专家啊，还经常教我们一些养生之道。”

“现在的年轻人注重养生的可不多啊，真难得，对了，你那道白菜心拌海

蜇皮是怎么做的？我回家让我太太也经常做一些。”

“其实这道菜，做起来很简单，将海蜇皮清洗干净后，切成丝；用清水浸泡2小时，中间换三次水，洗去腌渍海蜇皮的盐和矾；浸泡好的海蜇皮控干水分后，放在漏网里，用80℃左右的热水冲淋一下，并迅速过凉水……”

一场饭局下来，小小和王总就这道醒酒菜聊得不亦乐乎，而这单生意也成功地做成了，而令小王惊奇的是，这个王总还向领导指明将这单生意归为小小的名下。

这则案例中，小小是个细心的人，得知客户有高血压且有老胃病，在点菜时，她便加以留意，而且，她与客户的交谈也是诚恳的，当客户发现小小的善意之后，一下子就打开了话匣子，并最终决定与小小做生意。

在销售过程中，不乏小小这样讨客户喜欢的女孩，他们在开发潜在客户的过程中，总是能通过一些细节问题，让客户感受到她的贴心、善解人意，让客户不忍拒绝她们。

可能不少女孩会产生疑问，该如何在销售中注意细节问题呢？可以参照如下几点：

1. 得体的形象

当今社会，形象礼仪越来越受到人们的重视，但却有一些销售人员，他们能言善辩，介绍产品时巧舌如簧，但却偶尔做出一些不雅的“小动作”，令其形象大打折扣，因此，作为一名销售人员，更应有意识地避免一些习以为常，然而确实极为不雅的举止仪态。

2. 记住客户的某些特殊日子

当然，面对这位潜在客户，他很可能现在不会购买你的产品，但你依然不要忽视与他的联系和情感交流，因为他可能会为你带来很大的客户群体或者日后他会需要你的产品。为此，你不妨记住客户的某些特殊的日子，比如，结婚纪念日、生日等，并送上你的一份祝福，可以是一份小礼物，他会感激你的细心，并对你留下良好的印象。

3. 迎合客户某些特殊的爱好

打个很简单的比方，如果你的准客户喜欢下棋，那么，你不妨多抽出一些时间与之切磋一下，在这种你来我往中，双方的关系也就拉近了很多。

4. 多强调使用产品时的注意事项

很多销售员在向客户推销产品的过程中，总是将介绍产品的重点放在产品的优势上，而这样，无异于王婆卖瓜、自卖自夸，客户也不一定会相信，但如果你能告诉客户："不瞒您说，前段时间，有个客户因为使用时不注意，造成了一些皮肤的烫伤，因此，我一定要提醒您，使用这类产品时，一定要小心。"这样表达，更能赢得客户的信任。

虽然以上几个方面看起来似乎只是琐碎小事，但正是这些小事反映出了一个人的文化修养和素质。所以，女孩们，你要想成为一个受欢迎的销售人员，请你一定要随时随地都注意你的一举一动，并向准客户表达你的细心和善意，会让对方更放心、更舒心，从而愿意给你一个合作的机会！

叫出对方的名字，让对方倍感尊重

我们每个人都有名字，虽然日常生活中我们常说名字只是一个称呼，但我们每个人都分外在乎他人是否能记住我们的名字。同样，初入社会的女孩们，在商务拜访中，如果你能在第一次和对方打交道的过程中，就能叫出对方的名字，对方一定觉得你很亲切，也觉得备受尊重，也就会对你产生好感。

一位学者曾经说过："一种既简单但又最重要的增加亲密感的方法，就是牢记住别人的姓名，并且在下一次见面时喊出他的姓名。"而相反，如果此

时，你只是觉得“眼熟”，再次向对方请教“贵姓”，双方一定觉得非常尴尬。其实，无论是商界、政界还是我们日常的社交活动，记住对方的名字都很重要，这从无形中就是对对方的赞美，而忘记对方的名字或者记错、写错，都是一种不尊重对方的表现。

杰姆·费雷是美国历史上很有影响力的一个人，他成功地帮助富兰克林·罗斯福当上了美国总统。但可能我们根本不会想到的是，他从来就没有机会受教育。

年少时候的他在曾在一家瓦窑做学徒，每天烧瓦片，然后置于阳光下晒干。但他并没有听从命运的安排。他的人生就因为能成功记住他人的名字，而发生了巨大的变化。

虽然杰姆从不知道上学的滋味是怎样的，但截至他46岁，他已经获得了美国的四所大学的荣誉博士的学位，并且，他还是美国的邮政总监，美国民主党委员会的主席。

对此，有人问他成功的原因，杰姆的回答居然是他可以叫出五万人的名字，而这也是他可以帮助罗斯福进入白宫、成为美国总统的原因。这大概就是记住他人名字的神奇效应吧。

在富兰克林·罗斯福开始竞选总统的前几个月，杰姆的工作很多，刚开始的一段时间，他每天需要写好几百封信给西部以及西北的各个州的人。

然后，他需要走访西部那些人，他登上了火车，在19天之内，行程12000公里，足迹遍及20个州，用遍了马车、火车、汽车、快艇这些交通工具。

每到一站，他都会停下来与接见他的人一起共同进餐，并进行一番亲切的交谈，然后继续他的旅途。

杰姆一回到美国东部，就立即给那些自己曾经遇到的小城镇中的人写信，并请对方帮忙。但这些人实在太多了，需要写信的人也实在太多了，但到最后，他们却都收到了杰姆的信。并且，这些信中，杰姆都是这样开头的“亲爱的比尔”或“亲爱的杰恩”，而最后总是签着“杰姆”的名字，结果，他的

这一做法帮助富兰克林·罗斯福拉取了大量的选票，使其成功地当上了美国总统。

在政界，应该所有人都知道这句话："你能记住选民的名字，这就意味着你能成为国务活动家；而忘记选民的名字，就意味着你将成为被遗忘的人。"其实，这句话不仅仅适用于政治活动，女孩们，在商务应酬中，如果你也能记住他人的名字，那么，你也会得到他人的青睐。

交际中，记住对方的名字只是一个细节上的问题，但却也是礼仪需要，更并非易事。为此，我们可以借鉴拿破仑三世的做法。

法国皇帝，也是拿破仑的侄儿——拿破仑三世得意地说，即使他日理万机，仍然能够记得每一个他所认识的人。

他的技巧非常地简单。如果他没有清楚地听到对方的名字，就说，"抱歉。我没有听清楚。"如果碰到一个不寻常的名字，他就说，"怎么写法?"

在谈话的当中，他会把那个人名字重复说几次，试着在心中把它跟那个人的特征、表情和容貌联系在一起。

如果对方是个重要的人物，拿破仑就要更进一步。一等到他旁边没有人，他就把那个人的名字写在一张纸上，仔细看看，聚精会神地深深记在他心里，然后把那张纸撕掉。

这样做，他对那个名字就不只是有眼睛的印象，还有耳朵的印象。

这一切都要花时间，爱默生说，"是由一些小小的牺牲组成的。"事实上，现实生活中的女孩，她们之所以没有记住他人的名字，是因为她们认为这是一件无意义的工作或者根本没有下功夫去记，而且她们还总是会给自己找借口，比如工作忙，但你不会比拿破仑三世更忙，所以，从现在起，要想在商务应酬中给对方留下难忘的印象，不妨从细节开始，从记住对方的名字开始吧!

电话沟通,不见面礼仪更不可少

随着科学技术的发展和人们生活水平的提高,电话的普及率越来越高,电话已经深入百姓的日常生活之中了。对于那些初入社会的女孩们,可能每天都要接、打大量的电话。前面我们也已经阐述过接打电话的礼仪。而在商务应酬中,因为对方时间有限,女孩们还需要注意的一点是,一定要把握好打电话的时间,不可啰唆重复。而这就需要我们根据具体通话情况来决定,将通话时间控制得恰到好处,会让你很好地和对方进行沟通,否则可能会适得其反。我们来看下面两种通话镜头:

镜头一:对方话没讲完就挂电话

小刘在一家事业单位上班,有一次,她的领导有事打电话给她交代事情,“哦,知道了,再——!”小刘听完事情,礼貌地回应道,话说到一半,电话那头突然传来“啪”地一声挂断了。小刘一下愣住了,没说完的话只能生生吞了回去。

镜头二:电话里“捉迷藏”

“喂,你猜我是谁啊?”正在工作的小蓝没心情“捉迷藏”,不耐烦地说了一个名字:“小丽。”“不对,你再猜。”这时小蓝火了:“我有很多事在忙,没时间猜你名字。你有什么事就说,不说我挂了。”“我是小美。其实找你也没什么事。”打电话的小美这才快快不快地报了名字。“打电话的时间要把握好,不要太长,不然会让对方感到厌烦。”小蓝对周围的同事谈及这件事时说道。

这两个镜头中的小刘领导和小美都是有失礼貌的。镜头一中,小刘领导还没等下属说完,就急匆匆挂完电话,这是对别人的不尊重,更是不懂礼

仪的表现。镜头二中的小美在电话里捉迷藏，耽误了小蓝的工作时间，更有失分寸，这类情况在正确的通话礼仪中都应当杜绝。

的确，一些女孩喜欢把生活中的打电话的习惯带到商务应酬中：一件事情1分钟就能讲清楚，可是她却反复讲个没完。对方不好意思打断她，只能把话筒拿得远远的。而对方在内心，已经对其产生了不好的印象；也有一些女孩，还没等到别人讲清楚情况，就挂了电话，让对方留下很多“遗憾”……

正确地使用电话，需要我们熟练地掌握打电话的礼仪，斟酌好打电话的时间，注意维护自己的“电话形象”。一般认为，在打电话的时间上，你需要注意：

1. 注意打电话的时间

一般情况下，不要选择过早、过晚或对方休息的时间打电话。比如，工作电话应该选择在8点以后，如在国外应选择在9点以后。往办公室打电话，最好避开临下班的时间。因为这个时间如需要了解、研究或者对方急于下班，很可能得不到满意的答复。中午休息的时间，也不要给对方打电话。非特殊情况，不要在节日、假日、用餐时间和休息时间给对方打电话。半夜或清晨被电话吵醒，很容易引起对方的反感。打国际电话，首先要考虑对方国家的时差。如，中国同美国时差12个小时，北京下午3点时却是美国人睡得正香的后半夜。如果忽视时差，把人从睡梦中惊醒是十分不礼貌的。

2. 要把握好通话的时间长度

在正常的情况下，一次打电话的时间最好不要超过3分钟。这种做法，在国外叫作“打电话的3分钟原则”。要求打电话的一方要有很强的时间观念，抓住主题，在尽可能短的时间内表达自己的意思。因为时间过长，造成电话占线，会影响正常的通信。要讲究效率，既节约自己的时间，也不要浪费他人的时间。

关于这一点，需要你在打电话时做到：

①简明扼要：这是对通话内容的要求。为此，通话时，你不可吞吞吐吐，含糊不清，东拉西扯。一般来说，经过简短的寒暄之后，就应当直奔主题。

②适可而止：打电话的过程中，一旦要传达的信息已经说完，就应当果断地终止通话。这里，按照电话礼节，应该由打电话的人终止通话。因此，在表达完后，你就要礼貌地挂断电话，不可反复铺陈，再三絮叨。否则，会让人觉得你做事拖拖拉拉，缺少素养。

女孩礼貌引荐他人的顺序和礼仪

中国自古以来就是一个礼仪之邦，注重迎来送往中的各项礼仪。无论是请客吃饭，还是商务谈判，陌生人之之间难免会出现尴尬。在这样的情况下，女孩们，如果你是中间人，那么，你一定要做好周旋工作，为他们礼貌地引荐。只有让在座的人都相处融洽、侃侃而谈，才能为宴会营造出一个和谐的气氛，才有助于我们事先应酬目的。

这天是周末，小王和妻子正在家看电视，突然门铃响了，站在门外的是小王最铁的哥们儿小吴——某财政局的干部。进门后，小王妻子一番招待，就到了午饭的时间。这位朋友就对小王说："别破费了，让嫂子在家随便炒几个菜就行，我又不是什么客人。"听到朋友这么说，小王也就答应了。

没想到，这时候，门铃又响了，小王开门一看，居然是自己的大学同学小刘。他在市郊的某个中学当数学老师，单身的他，经常一到周末就来找小王。小王惊讶的是，今天他的两个朋友居然都聚在一起了。

"今天真是巧啊。"小王说着。于是，简单地打完招呼后，他提着菜篮子，

准备去菜市场再买几个菜。

小王出门了，小王妻子又在做饭，这样，剩下两个客人坐在客厅，一句话不说。买完菜回来后的小王看到这幅情景，顿时也很尴尬，真是忙昏了，连为他们介绍都忘了。

于是，小王笑着说道："你们知道我今天犯了个什么错误吗？"他的两位朋友都面面相觑。

"买菜忘了给钱？"小刘猜道。小王摇摇头。

"那就是把钱弄丢了。"小吴也猜着。

"都不是。"

"那是什么？"

"忘了介绍你们啊，真是该死，今天我自罚三杯。"小王调侃着。

"这肯定免不了。那你现在可以介绍了吧……"

听完这句话，大家都沉浸在一片笑声中。

这则案例中的小王的确犯了一个交际中的典型错误——忘记为陌生的宾客引荐而导致两位宾客相当尴尬。而庆幸的是，他及时地认识到了自己的疏忽，进而进行了补救，并让两位朋友"一笑泯尴尬"。

的确，无论什么场合，人们面对自己不认识的人，往往都有结交的欲望，但却不知如何打破沉默。此时，作为中间人，女孩们，就要礼貌地站出来为他们引荐。这一方法的背后是社会学中的熟识与喜爱原理，这个原理的意思是说，人们总是愿意答应自己熟识与喜爱的人提出的要求。也就是说，只要我们开口引荐，就能让陌生的宾客继续交谈下去。

可能你会产生疑问，该怎么为陌生人引荐呢？

以下是正确的做法：

作介绍，总的规则是尊者有优先了解权。通常是：先将男士介绍给女士；将身份低者介绍给身份高者；将晚辈介绍给长辈；将客人介绍给主人；将家人介绍给同事；将本单位同事介绍给客户；将本单位同事介绍给外单位的

同行；将未婚者介绍给已婚者。

把一个人介绍给众多人时，要先对大家介绍此人，然后向此人分别介绍众人。

正式场合，应简单介绍双方的姓名、单位、职务。如："唐总，你好。这位是大华公司的营销主管陈刚先生。"

错误的做法：

介绍时，避免让任何一方感到被忽视。

不要在双方工作忙时作介绍。

介绍时，不要用手指指点。

介绍时，不要对被介绍者过度吹捧，要实事求是。

介绍时，不要涉及被介绍者的私人生活甚至隐私。

不得不说，女孩们，在人际交往中，你可能会遇到很多不同的交际情况，这其中就包括其他人互不相识的情况。此时，你就要扮演好自己的中间人的角色，为他们相互引荐，并且，你需要掌握一定的介绍顺序，只有这样，才不至于失礼，也才能让交流在轻松和谐的氛围下进行。

行路过程中女孩要做到的礼仪

所谓行进，顾名思义，就是行走。可能有不少女孩会感到诧异：日常生活的走路还要讲礼仪？的确，我们一般在行走时，很可能有同伴，行进时也就要考虑到顺序问题了。一般来说，有以下几种场合：

1. 平面行进

在平面行进过程中，我们又可以分为三种情况：

①两人并排行进时，内侧高于外侧。

②多人并排行进时，按照高低的顺序依次是：中央、内侧、外侧。

③两人前后行进时，前方高于后方。

2. 上下楼梯

无论是上楼梯还是下楼梯，在行走过程中需要我们掌握的位次顺序是：内侧高于外侧，中央高于两侧，前者高于后者。

具体说来，这种场合下我们还可以分为三种情况：

①横向行进时，陪同人员应该把内侧（靠墙一侧）让给客人，把方便留给客人。

②纵向行进时，以前方为上，把选择前进方向的权利让给对方。当客人不认识路时，陪同人员应在客人左前方1~1.5米处进行引导。

③男女同行时，一般女士优先走在前方。如果与着裙装（特别是短裙）的女士同行时，上下楼时应该女士居后。

3. 上下电梯

上下电梯时的礼仪主要分为出入电梯的次序和在电梯内站立的次序两种情况。

①出入电梯的次序。

出入有人控制的电梯：

出入有人控制的电梯时，陪同者应后进后出，让客人先进先出。把选择方向的权利让给地位高的人或客人，这是走路的一个基本规则。如果客人初次光临，还不认识路时，应该为他们指引方向。

出入无人控制的电梯：

出入无人控制的电梯时，陪同人员应先行进入电梯，一手按“开门按钮”，一手拦住电梯侧门，礼貌地说：“请进。”请客人或地位高的人进入电梯。

如果电梯里人很多，自己的位置不方便按电梯钮，可以对靠近电梯门的人说：“能否请您帮我按下某层的按钮。”别人帮你按了之后，你应该面带笑

容说"非常感谢"。

当到达客人或地位高的人所要求的楼层时,陪同人员一手按住"开门"按钮,另一只手做出请的动作,可以说:"××层到了,您先请!"待客人走出电梯后,自己立刻步出电梯,并热诚地为其引导行进的方向。

②电梯内的站立次序。

在电梯轿厢内,陪同人员应靠边侧站立,面对或斜对客人。中途有其他客人乘梯时,陪同人员应礼貌问候。在日本,电梯内的位置有"上下座"之分。"上座"是在电梯按钮一侧最靠后的位置;其次是这个位置的旁边;再其次是这个位置的斜前方;最差的"下座"就是挨着操作盘的位置,因为这个人要按楼层的按钮,相当于"司机"。

4. 出入房间

①当门是向内开式时,打开后,自己先行入内,然后一只手按着门把,轻轻点头示意访客进入,这时引导的人可以站在门后阴影处,或者露出全身都无妨,基本上以露出半身较为合宜。

②若门是向外开式时,打开门后同样地单手按住门把,先稍微行个礼再请访客入内,就好像将访客送进去般的姿势,然后自己再进去,背对门将门带上,引导来客入座。

③如有特殊情况时,如双方均为首次到一个陌生房间,陪同人员宜先入房门。

5. 进出宾馆

不论是出差或旅行,我们都会入住宾馆。在进出宾馆的先后次序上,我们可以按照下列内容进行。

①如果没有特殊原因,出入房间时应该是位高者先进或先出。

②如果有特殊情况,比如需要引导,室内灯光昏暗,男士和女士两个人单独出入房间,这时标准的做法应该是陪同接待人员先进去,为客人开灯、开门,出的时候也是陪同接待人员先出去,为客人拉门引导。

6. 行进中的一些禁忌

①忌行走时与他人相距过近，避免与对方发生身体碰撞。万一发生，务必要及时向对方道歉。

②忌行走时尾随于他人身后，甚至对其窥视、围观或指指点点。在不少国家，此举会被视为"侵犯人权"。

③忌行走时速度过快或者过慢，以免妨碍周围人的行进。

④忌一边行走一边连吃带喝，或是吸烟不止。那样不仅不雅观，而且还会有碍于人。

⑤忌与已成年的同性在行走时勾肩搭背、搂搂抱抱。在西方国家，只有同性恋者才会这么做。

沟通中认真倾听，女孩更要用心回应

可能大部分二十来岁的女孩都会否认自己不会说，更坚信自己懂得倾听，而事实上，人际沟通中的倾听远不止如同听广播和音乐般随性，高质量的沟通是需要达到一个观点和意见的交流，也就是说，女孩们，你在倾听的时候，也要适时给对方回应，漫不经心地倾听是一种不尊重和无礼的表现。

周小姐大学毕业后，并没有和其他同龄女孩一样找工作，而是自己创业，在创业的过程中，她遇到了一些资金问题，手底下几名员工也要发工资，为此，她准备向银行贷款，以解燃眉之急。但她听说，她所要拜访的张行长很难对付。

这天，在张行长办公室等候已久的她终于等到了救星，但没想到，一到

办公室的张行长就开始发牢骚："今天这球我输得太惨了，我的球技一直很好的，要不是刘局长……"原来，张行长刚从网球场回来，败兴而归。

听完张行长的一顿抱怨后，周小姐才开始慢条斯理地说："您好，张行长，我知道这个时间在这儿，一定能等到您，因为打完网球的您一般都会到办公室来先休息一下。"

张行长："哈哈，对网球，周小姐也有浓厚兴趣？"

周小姐："'小女子'也不提当年勇喽。大学时候，我还参加过网球赛呢，可惜第一回合就被淘汰了。"

张行长："哦，原来是这样……"

两人自然扯到网球球星的许多逸事来，这让张行长觉得两人十分投缘，大有相见恨晚之感。最后，周小姐如愿以偿，与银行达成了利率优惠的贷款协议。

周小姐之所以能从银行顺利贷到款，取决于他与张行长之间良性的沟通。这个沟通的过程中，面对张行长的牢骚，周小姐并没有打退堂鼓，而是等张行长说完后，采取了积极的回应，说明自己上学时也曾在网球场上失败过。于是，二人就网球这一共同嗜好将沟通进行下去，下面的业务问题就自然好谈得多。

可能有些女孩会产生疑问，我们该怎样积极回应对方呢？具体说，有以下方法：

1.确认

确认意味着把你所听到对方的话用你自己的语言复述一遍。同时，确认也可以通过提问来确保你的确理解了对方想要表达的意思，或者通过提问来寻求更多的信息以帮助你理解对方的意思。

最高效的倾听者非常善于在谈话过程中进行这种确认。即便他们已经充分掌握了对方所说的意思，仍然想要不时地向对方确认，以便让对方知道自己正在全神贯注地倾听。

2. 附和

附和能帮助人们建立支持与信任的关系。我们通过这样的方式让发言者知道自己得到了认可。它告诉发言者，我们非常积极地在听。当我们表示附和时，实际是在扮演扩音器的角色，鼓励对方尽情表达自己的想法、计划、观点以及感受。在附和的时候，我们不能带有任何评论、审判或以自我为中心的倾向。

附和的时候你可以使用非常简洁的语言，比如："我听见了""我知道了""继续说下去""我正听着呢""好的""没错""啊""有意思"以及"啊哈"。同时我们也可以用非语言性的方式表示附和，比如面部表情、肢体语言，或者手势，它们包括：

扬起眉毛（表示你不太确定，或没听明白，需要对方告诉你更多的信息）；

微笑（表示你同意对方的观点）；

与对方靠得更近一点儿（表示你对对方正在说的内容非常感兴趣）。

点头（表示认可）；

保持目光接触（让发言者知道你正在听着）；

把手举起来，掌心朝向发言者（让对方停下来，告诉发言者你没跟上他/她所说的话）。

3. 避免无效的回应

这类无效回应包括：

不赞同对方："你怎么能这么说人家呢，他人不错的嘛。"

表示不赞同的体态语言：摇头、摆手、面部表情不屑等；

陈述你个人的观点："之所以行不通的原因是……"

发生争论："不对，你简直在胡说！"

曲解对方的观点："我觉得这样说，是因为你觉得自己没有与她对抗的自信。"

盲目同意对方的观点："没错，你说得太对了，那人就是个蠢货。"

引导对方做出某种特定的反应："我觉得你确实想报复他们。"

操纵对方，使其做出特定的反应："他不能再这样贬低别人了，下次你应该狠狠回击才对。"

以异样的语气显示偏见："难道没人教过你如何使用这台机器吗？"

总之，女孩们，从以上三个方面努力，你也就大致掌握了回应他人谈话的要领了。

座次礼仪体现女孩的素质修养

现代社会，无论是商务往来还是日常生活，人们都要参与集体活动。而人与人之间会有年龄、性别、职位的差异，正因为如此，人们在就座时才有尊卑长幼之别，这样需要座次礼仪。对于刚参加工作的二十来岁的女孩来说，懂座次礼仪是谦卑的表现。你也只有具备了座次礼仪，在各种场合才会自觉按礼仪规范去就坐，而无须别人的提示与监督，才能够表现出得体的举止仪态，从而给在座的人良好的印象。反之，就是失礼的表现。

农民出身的陈女士是某市建筑行业的老大，事业有了一定的成就后，她开始关注自己的知识文化素养，她还专门请了一些礼仪老师教自己学习这方面的知识。她之所以有这样的改变，是因为她曾经有过这样一次尴尬的经历：

那天，秘书告诉她，某公司老总就新的合作项目要请她吃饭。

到了晚饭时间，陈女士在秘书的陪同下，来到了这家酒店。饭局设在一个包厢，进去之后，陈女士就随便挑了个位子坐下了，这时候，秘书给她使了

个颜色，但她似乎没有看懂，也就没有再理会秘书了。

然而，整个饭局上，陈女士发现，对方脸色一直不太好看，吃饭的过程中，对方也没再提及合作的事。

事后，秘书告诉陈女士："董事长，您别怪我多嘴，您今天坐错位置了，那是主人的位子，咱是客人，而且，您知道吗？我从在那工作的朋友说，他们一直认为您是个蛮不讲理、霸道的老总，这下子，对方对您的印象估计坏透了，哪还会有合作的意向？"

听完秘书这番话，陈女士后悔极了，但是已经于事无补了，自打这件事后，陈女士就格外注意自己的举止仪态，还专门学习礼仪知识。

案例中，陈女士的失礼之处在于，她做错了位置。而正是这点，让对方对她留下了极为不好的印象，生意也就泡汤了。

从陈女士的经历中，初入社会的女孩们，你也应该看到座次礼仪的重要性。掌握这一礼仪常识，那么，无论你出入什么场合，都能按照规矩来入座，以免有失礼之嫌，也就能使得大家相处和谐、愉快，交际的氛围也就会更加融洽。反之，就容易使人产生反感冲突。

那么，什么是座次礼仪呢？

一般来说，女孩们，我们应该遵循的原则为：以右为上（遵循国际惯例）；居中为上（中央高于两侧）；前排为上（适用所有场合）；以远为上（远离房门为上）；面门为上（良好视野为上）。

接下来，我们以商务场合为例分析：

商务场合中的座次多数是按照国际惯例来安排的，基本原则是：右高左低，前高后低，中间高于两侧。如果考虑房间门，还应遵循远高近低的原则。意思是离门远的位置为上座。我们经常碰到的商务场合有：商务会谈、商务谈判、商务宴请等。

1. 商务会谈常采用相对式、并列式、自由式等方法来安排座次

相对式：基本要求远为上，离门远的为地位高者；一进门的右手为上座，

通常安排客方。

并列式：主要宾主并列而坐，如果双方都面对正门，具体要求是以右为上。即客人坐在主人的右边。其他随员各坐两旁，以右为上是一种国际惯例。

自由式：遇到客人较多，座次无法排列时，通常是客人愿意坐哪儿就坐哪儿。或者大家都是亲朋好友，没有必要排列座次。

2. 商务谈判

多为双边谈判。双边谈判时，宾主分列长桌或椭圆形桌的两侧，如果横放，则面对正门的一方为上，应属于客方；背对正门的一方为下，应属于主方；如果竖放（顺着门的方面），应以进门方向为准，右侧为上，属于客方；左侧为下，属于主方。主谈人员应在自己一方居中而坐。其他人员按照右高左低的原则，自近而远分坐。国际惯例与政务礼仪会议座次相悖。如果双方各带翻译，应就坐于主谈人员之右。

其实，各个场合中，每一个环节都是不容忽视的。作为初入社会的女孩，必须熟知座次礼仪，才不会在众人面前失礼。

第 7 章

会议礼仪，女孩在会议进行中该守的“礼”

任何一个初入职场工作的女孩，都免不了要参加各种会议，所谓会议，通常是指将特定范围的人员召集在一起，对某些专门问题进行研究、讨论，有时还需作出决定的一种社会活动的形式。事实上，不论是召集、组织会议，还是参加会议，为会议服务，女孩们，你都必须掌握一些基本的守则和规则，其中就包括会议礼仪。每个与会的成员只有做到开会时从“礼”出发，在良好的氛围下开会，才能让沟通更有价值。

签到礼仪，会议礼仪第一步

现代社会，工作中，我们都免不了要参加各种各样、大大小小的会议。对于初入社会和职场的二十来岁的女孩来说，事先学习一些会议礼仪，能让你避免因准备不足而出现的失礼。在各种会议中，第一步就是签到。

通常来说，无论会议的规模如何，会议只有达到一定的人数才能如期召开，否则召开者无论在会议上做了什么决议，都只能视为无效。因此，女孩们，你也有必要学习一些签到礼仪。我们先来看下面的案例：

程程毕业后就顺利进入一家公关公司工作。还工作不到三个月的她学习到了不少工作经验，下周，她即将被送到公司总部参加一次正式职工就职会议，这让程程着实激动了一番。

这一天终于到了。开会时，程程踊跃发言，发表了一些自己对公关行业的独特建议，程程心想，终于可以成为这家公司的正式员工了。

谁知道第二天，程程刚上班，就被经理叫到了办公室：“邱程程，你昨天的就职会议没参加吗？”

“参加了的。”程程很诧异地看着经理。

“可是，昨天的会议记录没有你的名字。”经理说。

“啊？”程程张大了嘴巴，不知道领导的话是什么意思，但她知道，事情肯定很严重。

“你昨天没签到吗？”

“签到？什么签到？”程程更诧异了。

“就是在会议大厅门口放的签到簿上签上你的名字啊，难道你

没签?”

“昨天早上有点堵车,到了的时候,我看时间不多,就从侧门进去了,没注意到正门的事,经理,那现在怎么办?没签到是不是就不能入职了?”程程很着急地问。

“你先别担心,昨天几位领导应该都看到你的发言了,我跟他们打个电话,帮你做个证明,应该没多大事儿了,哎,年轻人啊,做事就是不靠谱。”

听经理这么说,程程羞愧地低下了头。

案例中,刚参加工作的程程为什么会被领导批评、差点失去就职资格?就是因为她忽视了签到在会议中的重要性。的确,参加会议人员在进入会场一般要签到,会议签到是为了及时、准确地统计到会人数,便于安排会议工作。

因此,每个女孩都要明白,在会议礼仪中,签到礼仪是十分重要的。这里,你需要掌握以下几种会议签到方法:

1. 簿式签到

顾名思义,就是你需要在会议工作人员事先预备好的签到簿上签上你的名字,表示你参加了会议。另外,一些要求严格的会议,还要你写上你的职务、年纪、所代表的单位等。

这种签到方式的好处在于方便保存和查找,但也只适用于小型会议。人数多的会议,这种签到方法就不太方便。

2. 证卡签到

当所有参与会议的人到场后,会议工作人员会发给你一张卡片,上面可能印有会议的名称、日期、座次号、编号等,你需要填写好自己的姓名,并和其他人一起交给工作人员。

与第一种方法相反,这种方法方便,能避免签到时人员拥挤,适合大中型会议,但却不利于保存和查找。

3. 会议工作人员代为签到

这种签到方法需要会议工作人员会前多做一些工作，需要将参加会议的人的名字制成花名册，等会议即将召开前，来了一人就在上面进行标记，比如“√”表示到会，用“×”表示缺席，用“○”表示请假等。

这种方法为与会的人减少了不少麻烦，但却要求会议工作人员都认识与会的人，因此，也只适合一些常规会议和小型会议，对于人员众多的大型会议就不适宜了。

4. 座次表签到方法

这种方法也需要会议工作人员做足准备工作，需要他们按照即将召开的会议场地制定好座次表。而来了一人士，就在座次表上销号，表示出席。

这里，工作人员在制定座次表时，需要有一定的规律，比如，应将同一部门的人的名字放到同一个区域，按照工号排列，以起到引导与会人员找到自己位置的效果。

5. 电脑签到

相对前面四种签到方式，电脑签到更智能、快速、准确、简便。

一般的大型会议场合，都有签到机，参加会议的人员进入会场时，只要把特制的卡片放到签到机内，签到机就会自动识别你的姓名，在几秒之内，它就会完成自己的工作，并将你的卡片还给你。

总之，女孩们，你需要吸取案例中程程的教训，无论会议采取什么签到方式，都不能忘记签到，要知道，这是学习会议礼仪的第一步。

女孩不怯场，敢于担当会议主持

提到主持会议，可能不少刚参加工作的女孩会产生疑问：我刚进入职场，遇到领导有时都要绕道而行，更别说有胆量主持会议了。其实，主持会议是不少职场女性都要面临的工作，只要你学习一些主持会议的礼仪，是能在会上给领导和同事们留下良好印象的。

那么，作为一名职场女白领，有哪些需要学习的主持会议的礼仪呢？

总结起来，有以下几点：

(1)应衣着整洁，仪表大方，准时入场，精神饱满，切忌不修边幅，邋里邋遢。

会议是正式场合，作为女性，你的上衣的衣扣必须全部系上。不要将其部分或全部解开，即使天气炎热或因为紧张出汗，也不要当着别人的面随便将上衣脱下。上衣的领子要完全翻好，有口袋的要归置好衣袋。不要将上衣披在身上，或者搭在身上。

裙子要穿得端端正正，上下对齐。应将衬衫下摆掖入衬裙裙腰与套裙裙腰之间，切不可将其掖入衬裙裙腰之内。

(2)走上主席台应步伐稳健有力，行走的速度因会议的性质而定，庄重、肃穆的会议步频应较慢。

(3)入席后，如果是站立主持，应双腿并拢，腰背挺直。持稿时，右手持稿的底中部，左手五指并拢自然下垂。双手持稿时，应与胸齐高。坐姿主持时，应身体挺直，双臂前伸。两手轻按于桌沿，主持过程中，切忌出现搔头、揉眼、晃腿等不雅动作。

(4)言谈应口齿清楚，思维敏捷，简明扼要

这里，在语言要求上，你需要掌握的是：

①新颖生动的语言，生动才能吸引人，我们开口需要使用新颖生动的语言，离人们的生活很近，这样才能使听众对你的讲话产生兴趣。反之，如果你总是老生常谈，就会让听众觉得寡然无味，也不会对你的讲话有任何兴趣。

②了解你要表达的中心、重心、要点，任何问题都有中心和重点，找到了这个中心和重点之后，说话的时候才能有的放矢，才能分清什么话该说，什么话不该说。所以，迅速找准谈论的中心是言简意赅的前提和基础。否则，眉毛胡子一把抓，只能惹人的厌烦。

③懂得表达，语言表达清晰、稳重、不啰嗦，说话，语言表达的轻重缓急也是很有讲究的，该让对方听清的地方就要缓一些，不重要的信息就可以一句带过。如果张口结舌或连珠炮似的大讲一通，对方就会感到一种急迫感，从而心生不信任。

要想使说话不啰嗦，其实只需拣重点说就行，其他次要的内容，要么不提，要么一言以蔽之，只有这样才能保证你的发言在最短的时间之内收到最好的效果；否则，即使你滔滔不绝的谈论半天，听者一个个都还是不知你发言的目的。

有一次，王主任召集全单位人员开会，当时会场比较嘈杂，听众情绪还未安定。王主任这样开头了：“有个笑话说，张飞和关羽参加一次刘备召开的军机会议，当时大家正交头接耳，刘备无法讲话。张飞说：‘哥，看我的。’于是他用在长坂坡喝退曹军的大嗓门吆喝一声。结果大家并没有安静下来。关羽说：‘小弟，你那手不行，还是看我的。’于是，他便坐在刘备的位子上，捋须凝目，似有所思。这下子大伙儿觉得奇怪，倒安静下来了。其实，这只是个笑话，刚才大家交头接耳，现在为什么静下来了？这个问题留给大家思考，我今天所要讲的主要内容是……”开口就是一个生动的故事，立即吸

引了听众的注意力，整个会场很快安静了下来。

还有一次，王主任在讲话的时候，发现现场气氛太紧张，为了把气氛搞得活跃些，王主任这样开口："有个善于演讲的人总结了一条经验，要调动会场情绪，只要注意看两个人：一个是看长得最漂亮的，看着这个人，可以使你讲话更有色彩；第二个是要注视会场上最不安定的那个听众，镇住他，使你讲得更有信心。我想学习这个方法，可咱们这儿长得漂亮的、英俊的有100个，可是没有发现不安定的听众，这可叫我难办了。"这段话讲完了，大家的情绪得到了缓解，全场的气氛不再紧张了。

在这里，王主任巧借环境，用风趣幽默的开场来缓解、调节了现场气氛，使大家的情绪得到缓解，较好地融入了其讲话的氛围中。

为此，女孩们，你也要懂得在会议上调节气氛，并调动各种积极因素，使整个讲话获得圆满成功。

工作经验尚浅的女孩们，掌握以上几点主持会议的礼仪要求，并在日后的工作中加以锻炼，相信你能成为一个掌控会议大局的职场精英！

会议勇于发言，礼仪不可少

对于任何一个二十来岁的女孩来说，在会议尤其是大型会议中发言是一件极需要勇气和口才的事，但无论你的口才和胆量如何，你都必须要掌握一些发言礼仪，只有落落大方地阐述你的观点，才能获得与会人员的认同。事实上，不少女孩遇到过这样的情况：对如何发言毫无准备，而被众人推举出来发言的时候依然不明就里，只能随便说几句，草草收场。我们先来看看小杨的经历：

小杨是个内向的女孩，从上学到工作都很文静，很少和周围的同事接触，甚至连话都不敢说重了。这样，二十几岁的她，在单位也没什么是非，当然，两年了，也没升职。她也为自己目前的工作状态感到满意，但有一次聚会，却让她彻底改变了自己的看法。

每年，公司都会举行一次大型的聚餐活动，今年依旧如此。那天，小杨所在的部门同事们都坐在了一起。聚会进行到一半时，为了活跃气氛，有同事提议表演节目。轮到小杨所在的部门时，大家有点儿面面相觑。部门主任自己不擅长此道，更别说唱歌表演了。刘姐是个庄重淑女，是不可能失去高贵气质的。老李的水平和部主任差不多。只有小赵有文艺天才，能自弹自唱，但不巧的是他感冒了，嗓子肿的说不出话来。

最后大家把目光聚到她的身上。刘姐说：“年轻人哪有不会唱不会跳的？这又不是比赛，意思意思就行了。”还没等她反对，主持人已经报幕了：“下面由计划部的小杨给咱们献上一曲……”事已至此，她只好硬着头皮在大家的目光中走上台去，接过话筒唱了一段京剧……这段京剧旋律流畅轻快，节奏鲜明好听，以至于台下的老师傅们不知不觉地跟着唱了起来，场面达到了高潮，大家的掌声更响了。她的情绪也高了起来，有种真正被人接受被人欣赏的感觉和喜悦。

回到座位上，部主任笑容可掬地说：“没想到小杨还有这么两下子呢，不错不错。以后再有这样的机会，让她和小赵配合一下，兴许还能给咱部里拿个什么奖呢。”她真是有点儿受宠若惊，要知道部主任可从来没有这样和蔼可亲地对自己说话。

这次聚会后，小杨一下子出名了，以前她还不认识或还不太熟悉其他部门的同事，在班车或是在食堂相遇，友善地和她打招呼，因此她也意外地结识了很多新朋友。更让她惊喜的是，在一次公司例会上，公司总裁居然主动和他说话：“我知道你，戏唱得不错。韵味十足，现在年轻人会唱京剧的不多呀。人也长得好看，小姑娘不错。老董你很有眼光啊。”

部主任开心地大笑起来："您不是说培养年轻人吗！"

会后部主任和小杨讲："好好干，只要外面有出头露面的机会我会安排你去的，年轻人前途无量啊。"不久，部主任退休，部主任一职，由小杨担任。当时的小杨才只有24岁。

我们发现，一次赶鸭子上架的机会，让小杨被单位同事熟识，被单位领导重视，这再次让我们体会到周总理的那句"外交无小事"。事实上，除了一般性质的聚会，平时的工作会议，也是职场新人表现自己的良好机会。了解了这一点，估计有很多职场女孩会明白为什么自己"俯首甘为孺子牛"，做足了那10%的功课，却不及那些高曝光度的同事，动那60%的脑筋，来得讨巧了吧？

当然，要想在会上大放光彩，你除了要敢说外，还要掌握一些发言的礼仪，具体来说，这些礼仪有：

会议发言有正式发言和自由发言两种，前者一般是领导报告，后者一般是讨论发言。

如果你参与的是正式的发言，就应衣冠整齐，走上主席台应步态自然，刚劲有力，体现一种成竹在胸、自信自强的风度与气质。发言时应口齿清晰，讲究逻辑，简明扼要。

如果是书面发言，要时常抬头扫视一下会场，不能低头读稿，旁若无人。发言完毕，应对听众的倾听表示谢意。

自由发言则较随意，应要注意，发言应讲究顺序和秩序，不能争抢发言；发言应简短，观点应明确；与他人有分歧，应以理服人，态度平和，听从主持人的指挥，不能只顾自己。

另外，女孩们，如果有会议参加者对你提问，应礼貌作答，对不能回答的问题，应机智而礼貌地说明理由，对提问人的批评和意见应认真听取，即使提问者的批评是错误的，也不应失态。

女孩要学会化解会议尴尬的技巧

现实的工作中,可能不少二十来岁的女孩都遇到过这样的情况:开会时,你作为主持人,上台时不小心跌倒了,或听众发笑时才发现自己衣服扣子扣错了,或拉链没拉好,或帽子戴歪了,再或许因为你的语言失误,或许因为听者对你所演说的内容突然不感兴趣,造成了气氛的尴尬,其实,面对众人,一个涉世未深的女孩难免会紧张。对此,笨拙的化解方法是,你可以跟着听众笑到一块,在笑声中恢复常态。

1991年9月19日,杨澜应邀主持第九届大众电视“金鹰奖”颁奖文艺晚会,在报幕退场时,不小心被台阶绊了一下,“扑通”一声滚倒在地,这意外的洋相,使场内顿时一片哗然。然而杨澜一跃而起,笑容可掬地说:“真是人有失足、马有失蹄呀,我刚才狮子滚绣球的节目滚得还不够熟练吧?看来这次演出的台阶不那么好下哩,但台上的节目很精彩。不信,瞧他们的。”话音刚落,全场观众为她机敏的反应爆出热烈掌声,有的观众还大声喊:“广州欢迎你!”

显然,这一跤,非但没有摔倒杨澜的形象,反而更让广州人民领略了身为著名主持的可爱。可见,会议中处境尴尬时,用自嘲来对付窘境,不仅能很容易找到台阶,而且多半会产生幽默的效果。所以自我解嘲,自己把自己胳肢几下,自己先笑起来,是很高明的一种脱身手段。

又如,获得奥斯卡最佳女主角奖的雪莉·布丝莱上台领奖时,由于跑得太急,上台阶时绊了一下,差点儿摔倒。她在致辞时说道:“我经历了漫长的艰苦跋涉,才到达这事业的高峰。”这句应变的开场白简直妙不

可言。她将上台领奖遇到的挫折与拍电影历经的艰辛巧妙地结合在一起，既揭示了达到事业顶峰的真谛，同时又化解了险些摔跤的尴尬，可谓一举两得。

有一位叫阿丽的女孩，虽然没有出众的容貌和迷人的身材，但为人性情开朗、正直、幽默，许多人一旦和她交往几次，往往就被她的幽默所吸引，不知不觉地感受到她的魅力。

有一次，阿丽参加同学聚会，和同学们回忆着大学时代的美好生活。不料主人在招呼客人时，一不小心将一盆水打翻，全洒在了阿丽的脚上，把她那双新皮鞋泼湿了。主人不知所措，显得十分尴尬。阿丽却从容镇定地说："一般正常情况是洗脚之前先脱鞋。"一句话，使满屋的人都笑了起来，难堪的气氛也一扫而光，大家更加佩服阿丽了。

这里，我们发现，女孩阿丽是一个大度、幽默、可爱，在面对他人不小心将水泼到了自己的新鞋上时，可能很多人都会沉不住气，甚至大发雷霆，但阿丽却轻轻松松地开了个玩笑，不仅解除了双方的尴尬，还给众人留下了好印象。

可见，会议场合遇到尴尬时，可以通过戏谑来舒缓气氛，创造一种轻松的氛围，尴尬自然荡然无存，它犹如金苹果落在银盘子中，使你魅力倍增。具体来说，你可以这样做：

1. 做到思想放松，没有顾虑

心理学家詹姆士说过："说话时若能做到思想放松、随随便便、没有顾虑、想到什么就说什么，那么谈话就能进行得相当热烈，气氛就会显得相当活跃。"抱着"说得不好也不要紧"的态度，按自己的实际水平去说，是有可能说出有趣、机智的话语来。

2. 冷静说话

一个冷静的女孩，总是能控制自己的情绪，过于激动，无论对讲话或听话的人来说，都会影响表达或听取的效果。

3. 要使思考的速度与谈话相适应

思考的速度通常要比讲话的速度要快若干倍，因此在说话前，你的大脑要抓紧工作，勤于思考分析。如果你一边说话，一边心不在焉，不动脑筋，那么，很可能会出现语言失误。

4. 面对尴尬，大方面对

当遇上一些尴尬的事情时，要大度一些，不要一本正经。此时，一句不伤大雅的玩笑，就能活跃气氛，消除他人的防卫心理，否则会让别人感到压抑。

总之，女孩们，在会议上说话固然要先思后说，但依然要放松心境，遇到尴尬的情境时，你首先要做到的就是放开心境，拿自己开开涮，而不是费尽力气自我吹嘘，自我标榜，反而只是以博人一粲的心态，会让人真心受到吸引。开自己玩笑，是从平凡的、趣味的、不甚完美的角度来观看自己，让别人有喘一口气的机会，也让自己从遥不可及的宝座上滚落红尘，与众生同声一笑。

懂礼仪的女孩知道聆听会议的重要性

古人云：“听君一席话，胜读十年书。”在现代交际包括各种会议场合，倾听的作用尤为重要，倾听，是人们建立和保持关系的一项最基本的沟通技巧，也是一种心理策略，英国管理学家威尔德说：“人际沟通始于聆听，终于回答。”没有积极的倾听，就没有有效的沟通。

然而，我们发现，对于不少初出茅庐的年轻女性来说，她们似乎只顾发挥自己的优势——说话，而不在意别人说，即使参加工作会议，要么交头接

耳,要么玩手机,要么还没听懂,就对别人盲目下判断,这就造成了工作中难以沟通的情况,形成交流的障碍和困难。

实际上,任何一个女孩,都要学习一些会议礼仪,其中就包括学会倾听他人的声音。任何一个懂礼仪的女孩都应该认识到倾听在会议中的重要性。

唐薇是部门新上任的主管。公司按例每月要开个中高层会议,商议一些事宜,可能这样的会议早已经数见不鲜,大多数领导人已经把这种会议当成一种走形式,都无所谓有无所谓无的。唐薇第一次参加这样的会议,不免准备充分,带上了纸笔,和她一起参加的,也有一些和她一起上任的新主管,看着唐薇正襟危坐的样子,不禁都笑了。

这次主持会议的是董事长的得力助手。商讨的是公司的一些人事变动问题,其实,这类问题讨论也已经不是第一次了,无非是各个部门之间的一些主管、小领导之间职位的变更,大家都听厌了,只等通知就是,可是唐薇坐在后排,居然把这些人事变更的名字都记下了,而这些却被主持会议的董事长助手看在眼里了,散会后,他让唐薇留了下来。

"为什么会上大家都无所谓,你却记下了这些名字呢?"

"因为,我觉得工作中一定要细心,我刚上任,以后肯定会麻烦这些前辈和领导,记下他们的名字才不会出错。"唐薇如实回答。

"小姑娘真的很细心啊,我们现在工作的状况是,很多人都倚老卖老,董事长让我每次开会,我多是硬着头皮去的,那帮人不把我放在眼里啊,我是有苦说不出啊。"说完,他长叹了一口气。

"这种会议的确不好开啊,毕竟与会的都是一些老将,不知当说不当说,其实,如果您尝试一些新的会议模式,倒是能激发大家的兴趣,比如……"董事长助手听完后,觉得十分有理,就采取了唐薇的建议,果然,每月的例会有生机了,而在助手的大力推荐下,唐薇很快升到了部门经理的职位。

的确,任何一个人,都是希望能够得到尊重和支持的,尤其是对于那些

经常做会议发言的领导者，他们更希望自己的言论能真正被人接受。女孩们，在参加会议时，如果你也能认真倾听发言者说话，你就能得到他的好感，唐薇就是这样获得董事长助手的器重的。董事长助手这个职位看似不重要，但却能和董事长直接对上话，这就是为什么他能帮助唐薇成功升职。

事实上，倾听是对别人最好的尊敬，专心地听别人讲话，是你所能给予别人的最有效、也是最好的赞美。当然，你还必须掌握倾听的艺术：

1. 注意言行，传达你的兴趣

会议上，发言者说话时，你要做出一副感兴趣的样子，积极配合对方的言论，比如对方与你交流时，你要用积极的目光注视着对方，在他讲述的过程中适时点点头，适当的面部表情，不要看表，翻阅文件，更不要拿着笔乱画乱写，并且对他言语中你不明白的地方向他提问，这样会让他认为你在关注他的话，会增强他的诉说欲，他会乐意向你提供更多的信息，你在此沟通过程中也准确、完整地得到他想传播的信息。

2. 适时反馈

沟通是双向的，只顾倾听，只是满足了对方倾诉的愿望，而他还有被回馈的愿望，这才表明你用心了，真正考虑到了他的感受。你可以做到：

对方发言结束，你应该积极鼓掌；会议间的闲聊，你不妨使用这样的话语："能够听到您的人生经验是我最大的幸福！"这些话会成为和对方沟通的最好的润滑剂。

3. 适时进行鼓励和表示理解

发言者往往都是希望自己的经历受到理解和支持，因此在倾听时以点头微笑表示理解，鼓励谈话者继续说下去，并引起共鸣。当然，仍然要以全心聆听为主，要面向说话者，用眼睛与谈话人的眼睛作沟通，或者用手势来理解谈话者的身体辅助语言。

即使对方谈的都是一些老生常谈，也要做倾听状，时而给予共鸣或由衷的赞美，而不应有一丝不耐烦的神态。

总之,人人都渴望被尊重和认同,会议上,当发言者说话时,女孩们,你只有学会做他忠实的听众,才是良好修养的表现,也才能获得对方的肯定。

不同会场不同的位次排列

现实生活中,可能有不少二十来岁的女孩,她们需要从事一些会议安排类的工作。可以说,安排会议的位次是一项非常有讲究的工作。这是需要学习的位次礼仪的重要内容。一般来说,在面临会议的位次排列的时候,有三个问题要解决:

第一个问题就是这个会议有没有必要排列位次,有的时候小型会议两三个人,那就没必要排位次了。

第二就是这个会议是什么样的性质和形式,内外有别、中外有别,不同性质的、不同形式的、不同规模的会议,座次排列讲究不一样。

第三就是要注意会议的规范性位次排列、标准化做法。

一般来讲,我们所面对的政务会议、公务会议大体上是两种,第一种是小型会议,第二是大型会议。小型会议一般是指本系统的内部会议,大型会议一般是讲的跨行业、跨部门、跨机关、跨地区的一种综合性会议,下面作分别的介绍。

1. 小型会议位次排列

首先关于小型会议位次排列,一般强调以下几个点。

第一,强调是面门设坐,小型会议一般讲究面门为上,就是主席台、主持人、发言人是面对会议室正门的,这一般人都知道。

第二,居中设坐,就是中央的位次高于两侧,所以有必要排列位次的时

候,一般中间的位次高。再者,一般强调可以自由择座,内部会议小型会议自由择座的意思,实际上就是不排位次。如果这个小型会议主持人不是一个人的话,还要注意强调左高右低,中外有别,中国人是讲左高的,这里讲的左和右是当事者自己之间的左和右,这是政务礼仪、位次排列的基本要求,这是小型会议。

2. 大型会议位次排列

大型会议实际上涉及两个问题。第一,主席台上位次的排列;第二,与会者位次的排列。主席台位次的排列,实际上是三个点,第一主席团,就是台上所有人怎么排;第二主持人;第三发言人。

主席团位次的排列,国内外的做法差不多,首先是讲前排高于后排,其次中央高于两侧,第三恐怕中外有别,政务礼仪是按照左高右低,就是左侧的人的位置比右侧的人位置高。

接着是关于会议主持者的位置,一般会议主持者的位置有三个讲法,第一他是应该坐在主席台头一排中间的;第二他可以坐在会议的第一排的居中的位置;除此之外他还有一个位置可以坐,就是在主席团头一排的任意位置,是按照他的级别和职务可以排列的位置,当然一般的情况下,重要的会议往往会请主持人居中坐的,以示会议的隆重和对主持人的重视,因为会议的主持人实际上是会议的主席。

再者是发言人的位置,一般小型会议发言人可以在自己就座的位置上发言,或站或坐,但是重要的大型的会议,一般强调发言人要起立发言,他的标准位置有两个。第一就是第一排的居中的位置,当然有的时候这是主持人的位置,一般人不可能去抢他的位置;第二按照我国的传统做法,就是主席团正前方居中的位置,发言席讲坛一般是在主席团前面的中间,当然目前随着国际交流的加速,我们有的时候也会参照国际会议的做法,国际会议的发言席实际上在主席团的右前方。

参加会议的时候还有一个来宾的位置,就是群众席、听众席,群众席排

列一般强调两个办法。第一个办法是所谓自由择坐;第二个办法就是划片儿就坐。划片就坐一般是强调左高右低的,是按照部门的约定的排列顺序、或者是按照拉丁字母的顺序、或者是按照汉字笔画的顺序,从进门方向的左侧向右侧排,这是竖排;还有一个办法是横排,从前排向后排排,这两种办法一般是交替使用的,这是位次排列的基本要求。

第8章

社交礼仪，女孩要了解的待人处世之道

现实生活中，可能每个二十来岁的女孩都羡慕那些交际红人，无论在什么场合，他们能八面玲珑，兼顾所有人的感受，他们落落大方、彬彬有礼。其实，如果你也能掌握一些日常社交礼仪，你也就能提升自己的社交技巧，从而帮助你在社交应酬中从容不迫，洒脱大度。

女孩要把握好日常社交的距离

人际交往中，不少女孩子总想给对方留下热情、大方的印象，常常会寸步不离地与对方聊天，但对方似乎并不领情，多半情况下，他们要不是说"你让我自己想想"，要么就是不情愿地敷衍你，其实，这种"贴身膏药式"的热情会让对方产生一种无形的压力，透不过气来。

实际上，"距离产生美"，这是一个美学命题，但确有一定的道理。人与人之间需要沟通和交流，但也需要一定的个人空间的，如彼此连一点点个人空间都没有的话，那时间久了也会生厌，所以这时就需要营造一个距离。

所以，女孩们，人际交往中，一定要把握好和对方交谈的距离和分寸，不可怠慢，但也不可过于热情。

琳琳是一名日用品公司的直销员，她性格开朗活泼，很会说话，照理说，她的业务不错，可是她发现，那些和自己一起进公司的同事们都能将商品成功地推销给客户，而她每次都以失败告终。比如，有一次，她和同事一起，来到某小区，将产品摆成一排。她发现，她没向客户推销和介绍，客户在那里自己选择。每次她向客户推销的时候，客户见着她就像见了瘟神一样迅速地离开了。而自己的同事，并没有说几句话，客户居然很爽快地购买了。

看着同事们一次一次地将商品成功地推销给顾客，再看看自己，半个多月了一件商品都没有推销出去。她对自己的能力产生了怀疑。事实上她比任何一个同事都热情周到。可是她就是不明白为什么客户见了她就逃跑呢？

当她带着疑问去向销售主管诉苦的时候，主管告诉，以后一定要和客户

保持一定的距离,不要一见到客户就贴上去。琳琳按照主管的提示,站在一定的距离上向顾客介绍和推销,果然顾客不再逃跑了,琳琳也成功地推销出了很多商品。

事实上,不仅是客户,与我们打交道的任何一个人都是需要一定的距离的。与交际对象保持一定的社交距离,会给对方绝对的安全感,更是懂礼仪的一种表现。

所谓的“保持距离”,说到底就是不要过于亲密,不要让对方觉得没有了私人空间,当然,这种距离,不仅仅是心理距离,还包括形体和空间距离。最好的处理效果是要达到形体疏远而心灵愈加贴近。因为“保持距离”能使双方产生一种“礼”,有了这种“礼”,就会相互尊重,避免碰撞而产生伤害。

也许有女孩会问,那么,社交距离到底是多少呢? 为此,你需要明白的是:

1.社交距离分为四种

亲密距离 0~0.5 米为亲密距离;这是恋人、夫妻之间父母与子女之间以及至爱亲朋之间的交往距离。

礼仪距离 0.5~1.5 米为礼仪距离;这个距离有较大开放性,亲密朋友,熟人可随意进入这一区域。

社交距离 1.5~3 米为社交距离;人们在这一距离可以打招呼,这是商务活动,国事活动等正式社交场合所采用的距离,采用这个距离主要在于体现交往的正式性和庄重性。

公共距离;三米之外为公共距离;这个距离往往采用点头致意即可。

2.最好与交谈对象保持两手宽的空间距离

这里的空间距离一般是指你举起自己的双手,与对象保持两手之宽的距离。这样的距离不但能够使你与交际对象面对面地看到对方,而且还可以从头看到脚。这样一来,你可以清晰地观察到对方的性格、脾气,以及说话办事的特点,从而能正确地把握好对方的心理。而且还能从对方的眼神

和脸色中洞察到他对你的印象好坏,这有助于你做出下一步沟通和交流的准备。

的确,距离是一种美,也是一种保护。感情容易滋养人心,也会轻易伤害人心,不管是血浓于水的亲情,还是海誓山盟的爱情,都可能在不经意间刺痛对方。

总之,初入社会的女孩们,你需要注意的是,与人交往,保持距离,也要把握好度,与朋友相处,如果距离过大,很容易真正使朋友间的友情变淡。尤其是在日益忙碌的现代社会,人们都为自己的事业和家庭奔波,紧张的工作之余,如果几个朋友一起聚聚能加深感情,但要是彼此都不抽出时间来,即使关系再好的朋友,友情也会逐渐变淡,甚至变成仅仅是熟人而已。所以,为了保存你们之间的友情,为了让你的人生不再孤寂,那就遵循这一原则——好朋友也要适度保持距离。

恋人之间要亲密更要有距离

人与人在相处的最初,总会保持一定的小心翼翼,熟稔开了便会大而化之,处久了难免会有磕磕碰碰。似乎有个说法叫:因不了解而在一起,因了解而分手。大抵有这么个意味。同样,婚恋中,爱人之间,也是如此,距离产生美。

然而,生活中,我们发现,有这样一些年轻女孩,她们才二十来岁,却像母亲对待孩子一样管教男朋友,她们希望二十四小时知晓对方的行踪,对于对方周遭的事情一件也不放过。事实上,她们没有意识到的是,对方也需要空间,不给他自由的空气,只会让彼此窒息。

因此，聪明的女孩们，你一定要明白一点，即使他是你最亲密的人，你们彼此之间的关系也应该是独立的，对爱人无时无刻地管制只会起到反作用，你需要做的是放手，给他自己的空间。我们先来看下面一个情感故事：

老王是某单位的员工，他有一位品貌俱佳的妻子，她是个很优秀的女人，在单位，她是先进工作者，是骨干，在家，她将丈夫和孩子的生活安排得妥妥当当，她从不让丈夫插手任何一件家务事，无论是买菜做饭，还是洗衣拖地，她全都包了。结婚十年以来，她勤勤恳恳地对老王侍奉左右。

在单位，当大家一提到自己的妻子时，大家都对老王投来羡慕的眼光，但老王总觉得自己的妻子和别人的妻子有天壤之别。结婚第十年，老王居然与他的贤妻离婚了，据说单位和亲朋好友调解多次，妻子也不解地问他“哪点对不住你”，但他铁了心，坚持离她而去。很多同事曾直截了当地问他是否另有新欢，是不是喜新厌旧，他只是说：“过腻了，这样活着，吊不起胃口。”

从这个故事中，每个女孩都应该得到一些启示，无论多大年纪的男人，他们需要的都是一位爱人，而不是母亲。朝夕相伴，无私奉献，爱情之火也不一定就能持久地燃烧。

其实，男人也需要自己的空间，他有自己的交际圈和朋友，刚开始你的责问在他看来可能是关心，但多了就有间谍的嫌疑，难免会对彼此的感情产生影响。事实上，爱人之间，是没有义务向对方报告自己的行踪的。

很多年轻女孩可能会说，我的那位就不生气，我问他就会老老实实地回答。但实际上，这未必是好事，他不生气是他让着你，或者不屑与你争吵，当有一天他真的累了的时候，他就不会再让着你。

那么，具体说来，在爱情生活中，我们该从哪些方面着手呢？

1. 允许他有自己的爱好，最好能附和、认同他

一个女孩在与自己闺蜜谈心时聊道：“有一个休息天，男朋友在和电脑下围棋，我在拖地，拖到电脑桌那里，我让他挪挪脚，但他却显得很为难，嘴

里嘟囔着：‘别动，别动，我马上就要赢了。’因为他下棋从没赢过，这次眼看就要赢了，我也不想扫他的兴，就二话没说，放下拖把就凑过去看，还和他一起计算最后的一步一招。

经过一番激烈的厮杀后，他果真赢了。那一刻，他高兴地吻了我。接下来，从不干家务的他居然和我一起拖地、帮我换水，还在网上给我买了一件我一直舍不得买的裙子——我只在他感兴趣的事上附和了他一下，他竟然会这么喜出望外。那晚，看着熟睡在旁边的男朋友，我心想，如果下午我硬是让他挪位子而让他输了棋，或许就没有这样一个浪漫的夜晚了。”

案例中的这位女孩就是聪明的，任何一个男人，都有自己的一点兴趣爱好，作为女朋友或妻子的你，如果你能放下手中的家务活，和他一起聊聊它，那么，他一定认为你不仅是一个好爱人，还是一个知心人，对你就更疼爱有加了。

2. 关心要适度

可能你认为，你经常给他打电话是关心他，但你想过没？也许他正在开会、正在思索一个方案，正在向领导汇报工作，那么，你的关心是不是起了反作用呢？

聪明的女人会懂得把握关心的频率，如果你的丈夫要加班，那么，夜深人静时，你可以为他端上一杯热茶，但不要发出声音。

总之，在婚恋中，任何一个年轻女孩也需要掌握爱人之间相处的礼仪，要知晓“空间”的重要性，作为女人，对爱人保持若即若离，用一点空间来稳固对方的爱意，彼此间有一点距离的张力，便能营造出一种朦胧之美，它能将两人的爱心拴的更紧。

宴请他人要照顾周到，不要冷落任何人

中国是以关系为本位的社会，人际关系如何，直接关系到一个人的成败。而中国人的很多关系都是在餐桌上结成的，无论是普通的便饭，还是隆重的宴会，都有其一定的意义。而是否能达到宴请的目的，还需要在餐桌上的表现。

任何一个初入社会的女孩，都要学习一些宴会礼仪。事实上，那些深谙交际之道的人都明白一个餐桌潜规则：我们不仅要对每位客人都彬彬有礼，留心记住对方的姓名，不论相识与否一律一视同仁，不让任何人受到冷落，我们还要对现场全局有效把握，头脑冷静地留神关注细节问题，自始至终调节好场上气氛，让所有的人都心满意足。

那具体来说，宴请场上，我们说话、做事，怎样才能做到面面俱到呢？

1. 不要曲意逢迎比你位高权贵的人

诚然，很多时候，当上司、领导或者比你位高权重的人在场的时候，你应该尊敬他们，但不要献殷勤，这样会招来其他人的反感。

2. 敬酒要遵循一定的顺序

在敬酒的时候，要注意次序，应该以年龄大小、职位高低、宾主身份为序，要分明主次。如果你有求于某位客人在席上时，对他要特别恭敬。还有一个问题要注意，如果在场有更高身份或年长的人，就要先给他们敬酒，不然会让他们尴尬，而你最先敬的那一位也会喝的不自在。

3. 带针对性地说话，选择适中的话题

由于宴请场合的人都比较多，所以选择话题的时候，尽量选大众化的，

能得到多数人的认同。不要因为自己喜欢某一个话题，就抓住不放，也不管别人是不是感兴趣，更不要选太偏的话题，避免唯我独尊，天南海北，甚至出现跑题。最忌讳的一点就是不要和旁人贴耳小声私语，这在无形中就会冷落了别人，影响喝酒的效果。另外，即使你不喜欢其中的某个人，也不要说话带针对性，让在场的其他人尴尬。

江枫大学毕业后，并没有和其他同学一样去找工作，而是通过公务员考试，进了一个机关单位，这让周围的同学羡慕不已，但江枫也有自己的苦恼，因为稚气未脱的她和办公室里元老级的同事总有些不合拍，连科长都说她很内向。其实，在江枫心里，也想拉近和同事们的关系，只是一直不知从何处入手。

周末的一天，江枫的大学同学从邻近的一所城市来这看她，江枫很高兴，趁周末无事，带他去逛本市最著名的鲜花一条街，两人并肩行走，正好碰到了江枫科里的一位同事，那位大姐说："小江交男朋友了？"江枫脸红了，但是没有否认。

星期一，科里的人都知道了这个消息，大家起哄，让江枫请客，江枫爽快地答应了。

下班后，科长和科里的同事们被江枫请去吃川菜。饭桌上，由于大家处于不同年龄层次，江枫对于老同事们的话题实在插不上嘴，一会儿，大家便觉无趣，都沉默下来，此时，江枫想，若不带动大家的情绪，那么这顿饭请的就是失败的，于是，他说："各位，今天是我江枫第一次请你们吃饭，如果大家不尽兴，我就太失败了。估计大家都玩过一个游戏——真心话大冒险，大家玩不？"在江枫大带领下，大家鼓足了劲儿，一个个玩得劲头十足。

酒足饭饱后，江枫从大家的眼神里看到了认可和友好的神情。此后，江枫也得到了大家的好感，渐渐融入了这个大集体。

这里，职场新女性江枫为什么能得到老同事们的认可，首先是因为她明

白请客吃饭是个好机会，也就是人们常说的会“来事儿”；其次，是因为更懂得在饭桌氛围紧张的时候，懂得适时来点插曲，最终通过请客吃饭得到了老同事们的认可。

4.语言得体幽默，感染在场的每一个人

众人均在场的宴请场合，实际上是最能显示一个人谈吐能力的机会，有时候一句机智幽默的语言就让你获得大家青睐，会给客人留下很深的印象，让你在别人心中的形象提升不少。所以，应该知道什么时候该说什么话，如果能再有点诙谐幽默的能力那就更是锦上添花了。

女孩们，以上就是你在宴会上应该注意的，能做到这些的话，你就能处理好各方面的关系，不会有厚此薄彼之嫌！当然，要使宴请活动井然有序，妥帖圆满，事先的充分准备和过程中的有效控制都是至关重要的。

女孩要了解的待客之道

古人云：“有朋自远方来，不亦乐乎？”“杀猪宰羊且为乐。”这是中国人好客的真实写照。女孩们，人际交往，你自然也少不了待客，在朋友到访时，热情洋溢地迎接，加上到位地寒暄和招待，才能让对方感觉到“宾至如归”。

俗话说，万事开头难，主客相遇，是否彼此相得，关键在作为东道主的你是否懂得打破僵局，这就需要你懂得一些待客礼仪。

不难想象，若宾客到来，在本需要我们迎接的时候，却一言不发，或者对宾客态度冷淡，都是极其无礼的。即使你与宾客的关系再熟，也不能视若不见，不置一词，这样难免显得自己妄自尊大。

为此，你需要掌握这样一些待客之道：

1. 在非正式场合接待客人

①迎接客人时，要衣着整洁。不能衣衫不整。如果正在躺着休息，要马上起来表示歉意。在开门时要面带微笑。

②客人进屋后，请客人入座，倒上一杯温开水，或者端上一些水果，表示一位主人的热情。不要冷落了客人。当然，真诚最重要。若是客人初次登门拜访，在把客人介绍给家人的同时，也把家庭成员向客人简单地逐一介绍。如果是常客，说话要自然，过分客套反而使人不自在。

③学会适当与宾客寒暄，和客人交谈，最好是挑些轻松愉快的话题，这就需要我们学会适当地与宾客寒暄：

跟初次见面的人寒暄，最标准的说法是："你好！""很高兴能认识您"。"见到您非常荣幸"。比较文雅一些的话，可以说："久仰"，或者说："幸会"。要想随便一些，也可以说："早听说过您的大名""某某某人经常跟我谈起您"，或是"我早就拜读过您的大作""我听过您作的报告"，等等。

跟熟人寒暄，用语则不妨显得亲切一些，具体一些。

可以说"好久没见了""又见面了"，也可以讲："你气色不错""您的发型真棒"，"您的小孙女好可爱呀""今天的风真大"，寒暄语不一定具有实质性内容，而且可长可短，需要因人、因时、因地而异，而它却不能不具备简洁、友好与尊重的特征。

寒暄语应当删繁就简，不要过于程式化，像写八股文。

例如，两人初次见面，一个说："久闻大名，如雷贯耳，今日得见，三生有幸"，另一个则道："岂敢，岂敢！"搞得像演出古装戏一样，就大可不必了。寒暄语应带有友好之意，敬重之心。既不容许敷衍了事般地打哈哈，也不可用以戏弄对方。"来了"，"瞧您那德性"，"喂，您又长膘了"，等等，自然均应禁用。

牵涉到个人私生活、个人禁忌等方面的话语，最好别拿出来"献丑"。

例如，一见面就问候人家"跟朋友吹了没有"，或是"现在还吃不吃中药”，都会令对方反感至极。

一个很年轻的销售员，代表公司在机场迎接公司的客户，该客户是个四十几岁的中年妇女，这个年纪的女人无论怎么保养，也都写满了岁月的痕迹，脸上也爬满了皱纹。

把客户接到酒店后，这个女销售员为了和客户“套近乎”，就侃侃而谈，问客户：“我知道有一种很好的抗皱产品，很有效果的……”客户的脸一下子由晴转阴，而她还没意识到，继续给客户灌输一些抗皱的知识，而结果是，客户马上掉头就走。

④敬烟、敬茶有讲究，敬烟应看对象且要方式得当。敬烟前最好能婉转发问，不可强递。很多人把烟捏在手里，来回推让，这是不卫生的；敬茶也是我国待客的传统方式。从卫生角度考虑，茶具最好有所讲究。泡茶要用壶，茶杯要有柄，不要用无柄的茶杯，以避免手与杯体、杯口触碰；留客人吃饭，为客人夹菜似乎很正常，其实这是很不卫生的。如果主人想表示好客之意，应使用公筷、公勺夹菜舀汤，千万不要用自己的筷子去夹。

2. 在正式场合接待客人

日常场合，会见朋友的时候，我们出于礼貌，一般是先介绍客人。可正式场合，就必须先介绍主人。如果你是接待人员，就要紧跟在客人的后面，和对方保持30度左右的角度，这样客人用眼角的余光就能看见你，你们之间的谈话也不会因为距离太远而受到影响。认真倾听客人谈话是对对方最基本的尊重。这在日常的社交中都非常重要，何况是在正式场合中。

总之，女孩们，你要明白，接待中，细节决定了你交际应酬的成败，学会接待的艺术，能一下子拉近你和客人之间的距离，与人之间的情感也就能加深，你招待客人的目的也就自然而然地达到了。

参加葬礼的礼仪你知道多少

关于生老病死，自古以来，人们就有很多感慨，生命脆弱，但谁也无法阻挡死亡的到来，现实生活里，朝气蓬勃的女孩们，你可能也参加过葬礼，其实，面对最沉痛的时刻，你也要讲礼仪，你在葬礼上的言语、着装甚至一举一动都会让已逝之人的家属乃至其他人看在眼里，并对你的形象进行打分，试想，如果你一身艳丽服装出现在葬礼上，别人会作何感想。我们不妨先来看下面的故事：

老李是一个单亲爸爸，带着儿子生活，三年前，他的妻子去世了，葬礼那天，是他最悲痛的日子。但他依然记得在婚礼当天出现的一个人，那是妻子的同事。

老李的妻子是突发心脏病去世的，包括老李在内，她周围所有的人都觉得很突然，更多是悲痛。在妻子去世后的第二天，就举行了葬礼，为的是不想让自己太难过。亲朋好友包括妻子生前的同事都来了。谁知，在葬礼举行一半的时候，来了一个二十多岁的女孩，老李认得，这是妻子办公室新来的小姑娘，但令老李感到气愤的是，她居然一身玫红色连衣裙，还涂了口红。葬礼的服装要求，应该是常识吧。老李当时气不打一处来，直接对这个女孩说："这里不欢迎你，请离开，好吗？"老李知道自己有点儿冲动，但确实无法抑制内心的不快。

这则故事中，老李为什么会有这样冲动的行为？正如他说的，在黑色葬礼上穿戴夸张就是对故人家属的一种心理刺激。

因此，生活中的所有女孩们，你也应该从这则故事中吸取教训，绝不能

也做无知女孩。可能你会产生疑问，葬礼上有哪些礼仪要求呢？

1. 参加葬礼的服装要求

各个国家在丧礼的具体形式上，根据死者生前的宗教信仰不同而有不同的规矩。但是无论怎样，如果应邀参加丧礼，女性应穿深色正式服装，内穿白色或暗色衬衣，不可穿红戴绿，不用花手帕，切忌浓妆艳抹，戴装饰品。

2. 葬礼致意的礼数

接到"讣告"的亲友熟人，可以写唁函、发唁电给死者的家属，以示哀悼。给葬礼送花，可在葬礼举行前，通过葬礼承办人或花店办理。如"讣告"上写明"敬辞鲜花"（no flower），则应当遵从，不必送花。送花时，应附上写有悼唁字句或"献给×××"字样的飘带，并附有赠花者的姓名，要注意外国习惯不用纸花。也有的人写挽联、诗或文章以纪念死者。很亲近的亲友可以登门吊唁，并帮助家属治丧。但如死者的亲人不愿接见亲友，则应当不登门致哀。非宗教性的葬礼，常常就在公墓的礼堂或墓地举行。葬礼应始终保持庄严肃穆的气氛。人们深思默祷，向死者沉痛致哀。

在西方参加葬礼一般不号啕大哭，不要过分流露悲伤，因为那会增加死者亲属的悲痛。当然也不应强作笑容或谈笑。同死者家属握手时，可以不说话，也可以低声说几句表示悼唁和慰问的话，如"接受我深切的哀悼""请节哀""多保重"等。在葬礼进行时，不要目不转睛地注视着哀伤的死者亲属。吊唁者不可三五成群，窃窃私语，不可漫不经心，东张西望，行礼时动作要真挚自然。

总之，女孩们，关于葬礼礼仪，你要明白的是，葬礼会场是肃穆的，无论是服装还是言辞都应收敛，浓妆艳抹或高谈阔论、嬉笑打闹都是对亡者及家属的不敬，说话压低声音，举止轻缓稳重，才能显出您的诚意和风度。

女孩爱花也要知道基本的花语知识

相信生活中，每个二十来岁的女孩，都无法拒绝美丽的鲜花，这就是为什么大部分男性会选择送花来追求女性，除了接受花外，你应该也会送过花，教师节对老师的感恩，母亲节表达对母亲的爱等，送花都是极好的选择。当然，送花也是一种礼仪，以花为礼，可以联系感情，增进友谊。

送花，更是一门艺术，不同的数字，不同的颜色，都有不同的含义；不同的场合，不同的对象，更是要精心设计所送的花卉，不然，闹出误会，就适得其反了。因为花卉是有生命的，她们也有自己的语言，听懂了，用对了，才能给爱花的人带去美好的祝福。

当每一种花都渗透了送花人的真情实意，也让受赠的对象明白了你的心声，那么送花的那一瞬间，便是快乐和有意义的。

为此，女孩们，你可以了解以下常见几种花的花语：

1.熏衣草

心理专家称，日常生活中，异性之间的约会，选择和布置紫色的场景，更容易增进彼此之间的感情。紫色是优雅、浪漫，并且具有哲学家气质的颜色。紫色的光波最短，在自然界中较少见到，所以被引申为象征高贵的色彩。当然，和爱人一起感受浪漫的紫色情怀，有很多方法，比如一起去看熏衣草。熏衣草的花语就是等待爱情。关于熏衣草，有个美丽的传说：

在古时候的普罗旺斯，有个美丽的女孩。

一天，她独自在寒冷的山谷中采着含苞待放的花朵，就在回家的途中，

遇见一位来自远方受伤的旅人向她问路。少女捧着满怀的花束，眼睛深情地望着这位俊俏的青年，就在那一刹那，她的心已经被青年热情奔放的笑容所占据。

后来，女孩不顾家人的反对，坚持让青年留在家中的客房疗伤直到痊愈。随着日子一天一天地过去，青年的腿伤已好，两人的感情也急速加温。就在一个微凉的清晨，青年要告别离去，少女却不顾家人的反对也要随着青年远去，到远方青年开满玫瑰花的故乡。

村中的老奶奶在少女临走前，握着一把初开的熏衣草花束，让痴情的少女用这初开的熏衣草花束试探青年的真心。

据说，熏衣草花束的香气会让不洁之物现形。就在那个山谷中开满熏衣草的清晨，正当青年牵起少女的手准备远行时，少女将藏在大衣内的一把熏衣草花束，丢掷在青年的身上，就这样，一阵紫色的轻烟忽聚忽散。山谷中隐隐约约地可听到冷风飕飕，像是青年在低吟着。"这就是你想远行的心啊。"留下少女孤独的身影独自惆怅……

没多久，少女也不见踪影，有人说，她是循着花香找寻青年去了，有人说，她也被青年幻化成一缕轻烟消失在山谷中。

多么美丽凄婉的爱情故事！据说，熏衣草一出现就代表了爱与承诺——如它的花语一样，等待爱情。当然，要感受熏衣草的浪漫，你不必非要去普罗旺斯，在国内的很多地方，你同样可以同爱人一起领略到那一抹梦幻的紫色，感受近在咫尺的异国情调。

2. 康乃馨

象征母爱，是慰问母亲之花，宜在母亲节和母亲生日时赠送；去医院探望病人时宜送此花，以表慰问。

3. 情人草

蓬松轻盈，状如云雾，常散插在主要花材之表面或空隙中，增加层次感，起烘托、陪衬和填充作用，在婚礼用花中最不可缺少的花材。

4. 向日葵

光明、活力，可赠热恋中的男友；金黄色的宜赠恋人，

5. 红月季

象征爱情和真挚纯洁的爱。人们多把它作为爱情的信物，爱的代名词，是情人节首选花卉。红月季蓓蕾还表示可爱。

6. 茉莉花

象征优美。在西欧的花语是和蔼可亲。菲律宾人把它作忠于祖国、忠于爱情的象征，并推举为国花。来了贵宾，常将茉莉花编成花环挂在客人项间，以示欢迎和尊敬。

7. 石蒜

优美、纯洁，宜在演出成功时赠艺术家；宜赠初恋情人，喻其纯洁。

8. 紫罗兰

花梗粗壮，花序硕大，花朵丰盛，色彩鲜艳，季气清幽，水养持久。紫罗兰象征永恒的美或青春永驻。深为欧洲及各国人民的喜爱，尤其为意大利人所喜爱，并推举它为国花。

9. 百合

象征神圣、圣洁、纯洁与友谊，金百合艳丽、高贵；白百合纯洁、无瑕，表示支持他的事业；宜送新娘，寓意未来生活充满阳光

当然，女孩们，要想学习送花礼仪，除了掌握不同的花语外，你还需要根据不同时机来送，比如，情人节的花花世界深情款款，母亲节的花亲情无价，教师节的花高洁朴素，圣诞节的花热情如水……不同的节日有不同的含义、不同的色彩，送花时你需要细细思量。另外，赠花也要把握时机，一年之中有许多节庆和令人难忘的纪念日，如春节、中秋节、情人节、母亲节、父亲节、生日、结婚纪念日、生产、探病等不胜枚举，都是赠花的好时机。

会跳舞的女孩有别样的美丽

曾有人说,每个女孩心中都有一个舞蹈梦,我们可以想象下面的场景:在一片空旷的场地上,音乐声缓缓奏起,一个女孩穿着一双舞鞋,在音乐声中尽情地舒展自己的身体,尽情地表达自己的心情。多么美丽的场景。的确,舞蹈也能让女孩更优美,会跳舞的女孩就像一名仙子,翩翩起舞的那一刻,她会散发出无穷的魅力。

现实生活中,对于一个二十来岁的女孩,出于社交的需要,她们也需要参加各种舞会。舞会是现代社会交往的重要形式之一,是高雅的社交娱乐活动,可以结识朋友,加深友谊,陶冶性情。舞会,无疑也是女性展示魅力的场所……那么,初次参加舞会的你要了解哪些舞会上的基本礼仪?

1. 着装

如果你应邀参加的是大型正规的舞会,或者有外宾参加,这时的请柬会注明:请着礼服。接到这样的请柬一定要提早作准备,女士在正式的场合要穿晚礼服。

晚礼服源自法国,法语是“袒胸露背”的意思。有条件经常参加盛大晚会的女士应该准备晚礼服,偶尔用一次的可以向婚纱店租借。近年也有穿旗袍改良的晚礼服,既有中国的民族特色,又端庄典雅适合中国女性的气质。

如果你穿的是露肤的晚礼服一定要佩戴成套的首饰:项链、耳环、手镯,晚礼服是盛装,因此最好要佩戴贵重的珠宝首饰,在灯光的照耀下,首饰的闪亮会为你增添光彩。

穿戴打扮完毕，别忘了洒些香水，使舞会中的你芬芳高贵。

2. 不宜和同性共舞

根据国际惯例，两位男士共舞等于宣告他们不愿意邀请在场的任何一位女性，无形中表明他们是同性恋关系。而女孩们，你也应尽量不和女士共舞，尤其是在有外宾的情况下以及在国外的舞会上，我们要注意这一点。

3. 怎样拒绝男性的邀请

舞会是通过跳舞交友、会友的场合，所以，女孩们，你最好不要轻易拒绝他人的邀请。当然，如果你实在不想接受某个或某些男士的邀请，那么，你在拒绝对方时也应要注意分寸和礼貌用语，要委婉地表达。

比如，男士说，“可以请你跳个舞吗？”有的女士很直接，“不可以”，“不愿意”……更有甚者，拿出随身带的小镜子给男士，意思让人家照照自己。这样都是非常不礼貌的。

女士拒绝男士的邀请有两句专门的礼貌用语，“我已经有人请过了”或“这支曲子我不太熟悉”。当男士听到这两句话时要考虑它的意思。有的男士比较固执，女士说“我已经有人请过了”，男士说“谁呀，我怎么没看见”？更有甚者，听不出人家的拒绝，“有人请了？那我下支曲子再请你”，人家女士说“下支曲子也有人请了”，男士还是不死心“那我等最后一支曲子再来”……

女士在跳舞中一般比较被动，所以即使不熟悉某支曲子，也可以在男士的带动下跳好。所以如果女士说“我不太熟悉这支曲子”，就是表达了拒绝的意思。有的男士实在得很：“不熟悉这支曲子没关系，我教你，包教包会”，弄得女士哭笑不得。

礼仪讲究的是人与人之间的沟通，所以，当你想邀请别人，或要拒绝别人时，都要察言观色，尽量先弄明白对方的意思。

4. 两位男士同时发出邀请时怎么办

从国际礼仪的角度考虑不难解决，女士面对两位或者两位以上的邀请

者，最能顾全他们面子的做法，是全部委婉地谢绝。

如果你遇到两位男士同时邀请，那么，你可以以“先来后到”为顺序，接受先到者的邀请，同时诚恳地对后面的人：很抱歉，下一次吧。并要尽量兑现自己的承诺。

5. 不要总和一个人跳

从礼仪的角度来说，如果你和某位男士结伴参加舞会，那么，你们只需要同跳第一支舞曲就可以了。从第二支曲子开始，大家应该有意识地交换舞伴，认识更多的朋友。

6. 何时离开舞会

你参加的无论是大型舞会，还是一般的舞会，按时到达都是基本的礼仪。而至于什么时间离开舞会，这要视情况而定，朋友的私人舞会最好要坚持到舞会结束后再离去，也是对朋友的支持。至于其他的舞会，只要不是只跳了一支曲子显得应酬的色彩过浓就可以了。

的确无论国际或是国内的舞会，都是一个高尚讲究礼仪的社交活动，女孩们，初入社会的你如果能掌握以上舞会礼仪知识，必定能在舞会上展现自己的优雅和魅力。

探望病人的礼仪和讲究

现实生活中，相信大部分女孩都有看望病人的经历，比如，朋友、同学、亲人患病了，前去探望，这是人之常情的事，也是一种礼节，但拜访病人也是一门艺术，需要女孩掌握其礼仪。

为此，看望病人时，你需要注意几个方面。

1. 探病前的准备

这里的准备，指的是你要对你所探望的病人有个基本的了解，比如，对方得的是什么病，治疗情况以及病人的心情等。

再比如，如果对方刚做完手术不久，那么此时必定是十分虚弱的，医院也不允许他人探望，你就不能贸然前往。而如果对方得的某些传染病，那么，也是不愿意探望的。

还有，你要探望的病人住在什么医院，具体到什么科室，什么病床号等，都要事先了解。

最好尽量避开病人休息、用餐和医疗的时间。如果病人在家治疗养病，则应该在午休之后去探望为好。

再次，要准备一些礼品送给病人。

2. 探望时间

一般来说，病人比正常人更需要休息，因此，尽量不要在早晨、中午以及深夜探访，探望病人时，还要考虑医院的规定，最好也不要打扰到其他病人休息。

另外，在中国的民间，有一些看望病人的习俗，比如，下午不适探望，初一、十五也是，而是上午比较合适。

在时间长短上，最好选择十五分钟左右，不要滔滔不绝说个不停而忽视病人的身体情况。

还有，在探望前，你最好先电话预约，贸然前往，很有可能失礼，或者空跑一趟。

3. 送礼

日常生活中，人们经常需要送礼，但探望病人所带的礼品是更有讲究的，因为病人存在一些忌讳，我们最好送那些实用并且考虑到病人身体情况的礼物。目前，探病的礼品大致有鲜花、水果及食品之类的东西，其中，以水果和鲜花，尤其是鲜花为最佳。

鲜花是吉祥、友谊、美好、幸福的象征，它能让人产生美感，更能给病人带来愉悦的心情。但送花也有讲究，最好送那些花香淡雅的花，味道浓郁的花可能会让病人头晕。为此，你可以送以下花：

刺玫瑰（象征优美）、杜鹃花（象征节制）、红罂粟或深红色的天竺葵（象征安慰）、松雪草或山楂（象征希望）、紫罗兰（象征青春长驻）、睡莲（象征心中纯洁）、棕榈（象征胜利）等等。另外，一定要注意不要送纯一色的白花。还有，如果某些病人对花粉过敏，你就不适宜送花了。

水果营养丰富，病人往往都很需要。但是买什么水果好呢？

要根据病人的病情加以选择。

一般来说，苹果多数病人均可食用。它含钾较多，吃它可以开胃，对高血压者能帮助降压。

香蕉含有维生素 A、B、C、E，适合于便秘患者，更宜于老年人，但高血压病人则不宜多吃香蕉。

橙有治风热咳嗽的作用。杏有止渴、定喘、解瘟的作用。

梨有清热、止咳、平喘等作用，对麻疹、慢性支气管炎、高热、半身不遂等患者尤其相宜。

桃内含有苹果酸、柠檬酸和维生素 C，如给病人送些罐装蜜桃，能帮助病人调整消化道的功能。

山楂适用于腰痛、高血压、冠心病或动脉硬化患者。

除了鲜花和水果外，你还可以送一些补品。这更要视病人的身体情况，如果送产妇，可以送鸡蛋、鸡、鱼、虾等食物。对于产后出血较多的产妇，可送猪肝、桂圆、红枣等。

对于肝炎病人，可送些新鲜的水果或营养丰富的鸡蛋、鱼、麦乳精、蜂蜜等，对于慢性肝炎病人，最好送甲鱼。

探望外科手术后和骨折的病人，可送些肉骨头、鸡蛋、奶粉、水果等。

探望肾炎病人，不宜送含有动物蛋白质的食物，如肉、鱼、蛋等。

探望糖尿病病人，不能带各种糖果、甜点、水果、果汁等各种含糖品。

探望高血压、动脉硬化症的病人，可送山楂、橘子、蜂蜜等食品。

探望胆囊炎、胆石症病人，不宜送老母鸡、蹄膀、油炸和含油量较多的食品。

探望胃病和十二指肠溃疡病人，不宜送橘子汁、杨梅、橘子、糟鱼、奶油蛋糕等含刺激性的食品。

4.探病时候的言行

探望病人时，无论是在言语还是行为上，都应表达出你的关切之情，而看到那些医疗器械，不可大惊小怪，给病人带来压力。

与病人谈话，一般会先询问病人的病情，此时，你不可眼神游离，要认真倾听、表达关心，尽量说一些能宽慰病人心情的话，还要鼓励病人，使其有勇气战胜疾病。

在结束探望时，要从健康的角度考虑，要说些礼貌的话，并让病人安心休养、祝福其早日康复！

高素质女孩要了解的乘车座次礼仪

日常生活中，相信所有的女孩们，无论是上下班还是公务出差，抑或是游玩等，应该都需要乘车，这是一个再日常不过的活动，但却依然有其约定俗成的一些规矩，也就是乘车礼仪。

所谓乘车礼仪，主要包括乘车时的座次与礼待他人等两个方面的内容。乘坐轿车与乘坐公共汽车、火车、地铁时的座次，各有不同的讲究。而轿车的类型不同，乘车时座次的排列便大为不同。

1. 乘坐公共汽车、火车或地铁，往往需要对号入座，座位可供选择的余地并不太大。比较而言，有关座次的也相对较少。基本规矩：临窗的座位为上座，临近通道的座位为下座。与车辆行驶方向相同的座位为上座，与车辆行驶方向相反的座位为下座。在有些车辆上，乘客的座位分列于车厢两侧，而使乘客对面而坐。应以面对车门一侧的座位为上座，背对车门一侧的座位为下座。

2. 乘坐吉普车时，前排驾驶员身旁的副驾驶座为上座。车上其他的座次，由尊而卑，依次应为：后排右座，后排左座。

3. 乘坐轿车

乘坐车辆，特别是轿车，座次的安排很有讲究。为轿车具体进行排座时，必须注意不同数量座位的轿车，排位方法各不相同。同一种轿车上，驾车者的身份不同，排座也不一样。位在轿车前排的副驾驶座，在由专职司机驾车时，一般被称为"随员座"，它是属于陪同、秘书、翻译或是警卫人员的专座。参加社会性质的活动时，让妇女或儿童坐在那个位置，就不合适了。

①双排五座轿车，这种轿车在国内最为普遍。商务礼仪培训中介绍，当主人亲自驾车时，其座次从高到低依次是：副驾驶座、后排右座、后排左座、后排中座。当是专职司机驾车时，座次由高到低是：后排右座、后排左座、后排中座、副驾驶座。

②三排七座轿车，当主人驾驶时：副驾驶座、后排右座、后排左座、后排中座、中排右座、中排左座。当专职司机驾驶驾驶时：后排右座、后排左座、后排中座、中排右座、中排左座、副驾驶座。

③三排九座轿车，当主人驾驶时：前排右座、前排中座、中排右座、中排中座、中排左座、后排右座、后排中座、后排左座。有专职司机时，依次为：中排右座、中排中座、中排左座、后排右座、后排中座、后排左座、前排右座、前排中座。

④多排座轿车，商务礼仪培训中所讲的多排座轿车是特指四排或四排

座以上的轿车，不管是谁驾车，座次都是由前而后，自右而左，依距离前门远近排定。

在乘坐车辆时以礼待人的问题，应注意下列三个方面的问题：

①上下车的先后顺序。乘坐轿车时，按照惯例应当请位尊者首先上车，最后下车。位卑者则应当最后登车，最先下车。在轿车抵达目的地时，若有专人恭候在此，并负责拉开轿车的车门，则位尊者亦可率先下车。乘坐公共汽车、火车或地铁时，通常由位卑者先上车，先下车。其目的是为了便于位卑者寻找座位，照顾位尊者。

②就座时的相互谦让。在相互谦让座位时，除对位尊者要给予特殊礼遇之外，对待同行之人中的地位身份相同者，也要以礼相让。倘若座位有尊有卑，座位所处的具体位置有好有坏，或者座位不够时，应当请妇女、儿童、老年人、残疾人或身体欠佳者优先就座。即便对方不认识自己，在必要的时候，也应当自觉地让座于人。在让座时，应当表现得大大方方、光明磊落、不要虚情假意。倘若对方让座于自己，不论是否认识，均须立即向对方致谢。

③是乘车时的律己敬人。在乘坐车辆时，必须自觉地讲究社会公德，遵守公共秩序。对于自己，处处严格要求。对于他人，时时要友好相待。

女孩如何大方周到地为顾客引路

销售界的人常说，“顾客就是上帝，怠慢不得。”的确，二十来岁的女孩们，如果你是一名销售员，那么，你一言一行都关系到销售的成功与否。事实上，一个专业的从事销售个工作的人员，并不认为为顾客服务需要过分地小心翼翼。相反，在接待顾客时，他们会表现得落落大方、举止得体，为对方

引路。

小雪是个腼腆的姑娘。大学毕业后，她也去找过很多工作，但在面试的时候，都因为过于紧张，没被用人单位看上。后来，小雪经过朋友的建议，决定不妨去做销售，这行可以锻炼一个人的胆量和气魄。做导购快半年了，小雪进步了很多。

一天，店里来了一位男士，店长让小雪去迎接。

“您好，欢迎光临，男装在楼上。”小雪满脸笑意地说。

“哦，请问楼梯在哪儿?”

“请您跟我来。”小雪用手指了指一楼拐角的一个地方，随后，她示意顾客跟随着她。

“店长，你说，小雪这次能让那位顾客购买吗?”同事莉莉为小雪捏一把汗。

“当然能，现在的小雪已经不是刚来时候的小雪了，你看她刚才为顾客引路的工作和语言是多么专业和娴熟啊。”

果然，不到一会儿，小雪和那位男士一起从楼上下来了，而那位男士手上，自然也少不了小雪为其推荐的衣服。

顾客走后，店长问小雪是怎么做到的，小雪是这样回答的：“顾客要上楼，我是否具有专业素质就体现在如何为顾客引路上，您刚发现没：进门的时候，我是走在客人左前方的 2 ~3 步处的；在楼梯口的时候，我把楼道尽量让出更大的空间，让客人走在中间；并且，我一边为客人介绍产品，一边引客人上楼。后来，我发现，客人一直点头，就知道生意差不多做成了。”

听完这些后，店长高兴地说：“果然如我所料，你已经是个很专业的导购员了。”

的确，当顾客进入店面时，作为销售人员，就要开始发挥自己在销售过程中“引导”的作用。而在对顾客接待引领时，你一定要“口”“手”并用且到位。即运用手势要规范，同时要说诸如“您请”，“请走这边”，“请各位小心”

等提示语,只有语言与动作配合自然,才会让客户感受到你的专业素质,进而愿意让你为其担任购买产品的顾问。

具体来说,女孩们,如果你是销售人员,你应该注意:

见到顾客来,眼睛一定要放亮,放下手中不重要的活,面带微笑,使顾客感觉亲切且受到欢迎。

坐在位子上的服务人员要立刻起身迎接,表示尊重客人,亲切地说:“欢迎光临”。

引导顾客时导购员应注意:

尽量走在客人左前方的2~3步处;

导购员走在走廊的左侧,让顾客走在路中央;

与顾客步伐保持一致,偶尔后望,确认客人跟上;

引路时要注意客人,适当地做些介绍;

在楼梯间引路时要做到:上时客先,下时客后,保证安全;

让客人走在正方向(右侧),导购员走在左侧;

途中注意引导提醒:拐弯或有楼梯台阶的地方应使用手势,并提醒顾客“这边请”或“注意楼梯”“有台阶,请走好”等。

开门向外开门时先敲门,打开门后把住门把手,站在门旁,对顾客说“请进”并施礼。

说话口齿清晰、音量适中,最好使用普通话,如客户是讲方言,配合顾客的方便,增进相互沟通的效果。

要有先来后到的次序观念,有序合理地照顾前后来的顾客。

如果十分忙碌,人手不够的情况下,让客人等待时间稍长后应诚恳地向顾客道歉,请顾客谅解。

亲切地招待顾客到店内参观,并让他随意自由地选择,最好不要刻意左右客人的意向,应有礼貌地告诉顾客:“若有需要服务的地方,请叫我一声,我很愿意为您服务!”

如有必要,应主动为顾客提供帮助。如带客人保管大件的非贵重物品,下雨天为客人代放置雨伞等细节。

顾客有疑问时,应以专业、愉悦的态度为客人解答。不宜有不耐烦的表情或者一问三不知。细心的导购员可适时观察出客人的心态及需要,提供好的意见。

不要忽视陪在顾客旁边的友人,应一视同仁地招呼。

与顾客对谈的用语宜用询问、商量的口气,不应用强迫的语气。

商品成交后应注意服务品质,要经顾客确认后仔细包装商品,最好能送顾客到门口或目送顾客离去,并欢迎他下次光临。

即使顾客不买任何东西,也要保持一贯亲切、热诚的态度谢谢他来参观,或许他就是你的下个准顾客。

第9章

餐饮礼仪，女孩应该熟悉的就餐赴宴常识

在中国，办事吃饭是常事，中国古代的圣贤早就说过："民以食为天！"吃饭，不仅是人类生存的第一需要，它还是一种生活方式，更具有一定的社交的功能。吃饭并不难，但应付饭局就不是一件易事，因为餐桌如战场，餐饮无小事，宴请中的任何一个细节都不容忽视，对于初入社会的女孩们，无论你是宴会的主办人还是被请之人，无论是点菜还是用餐，无论是吃菜还是喝酒，无论是中餐还是西餐……都有一套你不容忽视的规矩和礼仪，

盛情邀约，切莫热情过度忘了礼仪

在中国，餐饮礼仪问题可谓源远流长。据文献记载可知，至少在周代，饮食礼仪已形成一套相当完善的制度。可以说，饭局已经成了中国文化的一部分，饭局已经超越了饭局本身的意义。而通常来说，我们请客吃饭都是有一定的目的的，或求人办事，或者婚丧嫁娶，或朋友间联络感情等，但无论如何，作为宴请方。我们都需要遵循一定的宴请礼仪。而第一步就是邀约礼仪，否则则容易失了分寸，我们摆的饭局也就可能成了“白吃”。

生活中的女孩们，可能你也请过客吃过饭，可能不知如何邀请他人，为此，你不妨遵循以下规则：

1. 选择合适的邀请对象

就一般的情况而言，下棋应请棋友；跳舞要请舞友；打球当请球友；乔迁、喜丧则请亲朋故旧；开业剪彩就该请有利于工作展开、业务往来，便于协调社区关系及从事传播等新闻媒介方面的客人……选择合适的邀请对象也成了请客吃饭首先应该解决的问题。而邀请对象的选择，必须根据交往的目的而定。邀请的对象自然是能给你带来帮助的人，但有时也需要一些其他朋友作陪，如果遇到这种情况，就应当精心安排，选择邀请对象，要根据交际的性质、需要，及宴会规模的大小等，遵循先主要后次要，先亲近后疏远的原则，来划定邀请范围，依次确定邀请名单。

此外，还要适当考虑邀请对象的学识、年龄、地位、性格的差异和他们相互的关系等，以防邀非其人，破坏邀请对象间的关系和谐，给你的交际带来不便和麻烦。

2. 发出邀请函

邀请有请柬邀请、电话邀请及口头邀请三种。一般地说，较为正规隆重的宴会发请柬邀请。这既是出于礼貌，也可以起提醒、备忘的作用。请柬的内容包括活动的主题、形式、时间、地点、主办单位的名称或主人的姓名等。外文请柬通常还打上被邀人的姓名、称呼。中文请柬则习惯把邀请人的姓名、职位写在信封上。请柬行文不用标点符号，其中的人名、单位名、节日名皆用全称。请柬可印制，也可手写。手写时应字迹清晰美观。

请柬应提前一周发出，以便被邀请人及时安排，太晚了会使人感到措手不及，也显得不礼貌。已经口头约好的也以补送请柬备忘为好，可在请柬右上角注明“备忘”字样。如需了解对方能否出席，可在请柬左下角注明“请答复”；如仅要求不能出席者给予答复，则可注上“不能出席者请答复”，并注明举办方的联系电话。另外，也可以在请柬发出后打电话询问对方是否出席。如事先安排好座次的宴请，可在请柬左下角注明席次号，以方便来宾顺利就座。国际上，习惯对夫妇二人发一张请柬，我国则习惯每人一张。请柬的格式与行文中外文有所不同，应加以区别，按不同语言习惯正确使用。

另外，邀请顾客吃饭的时候你要注意一些特殊事宜。也许你想到一个限制人数的方法，就是只邀请你的朋友们一个人来出席你的宴席。如果他们确实是单身的话，那么没问题，只要在宴席上多多介绍他们相互熟悉就可以了。但是如果他/她们有另一半或是恋人的话，你就需要把他/她的另一半也包括在你的宾客名单之内，即使你以前从来没有见过他/她。不仅如此，你还要在请帖上写上朋友另一半的名字表示尊重。

3. 确定宴席档次

邀请他人吃饭和给人送礼一样，要注意档次的安排，才能起到事半功倍的效果。档次安排太高，对方觉得受之有愧，吃着也不踏实，觉得“吃人的嘴软”；档次太低，会觉得看不起他。我们请顾客吃饭，要应该根据对方身份地位而定，根据宴请的目的而定，这就是“花多大钱，办多大的事”。

4. 确定宴席时间、地点

通常应该把优先选择权交给受邀一方，对方说出的地点通常也代表他期望的档次，而时间也一定是他人方便的时间。但往往对方是不好意思自己说的，那么就不要强人所难，可以提出几个不同风味的饭店和几个不同的时间段供对方选择。一定要考虑到他人是不是方便。如果硬是邀请对方中午短短一个小时的休息时间来吃饭，他该不该赏你的脸呢？

选择地点的时候首先要环境幽雅。因为吃饭并不仅仅是为了“吃东西”，更是“吃文化”。如果是幽雅的环境，不仅能增加食欲、使心情放松，还为彼此的沟通和交流创造了一个良好的外在氛围。要是用餐地点档次过低，环境不好，即使饭菜再有特色，也会使对方心里烦躁，那么请吃饭的效果就会大打折扣了。

其次是卫生条件良好。确定吃饭的地点，一定要看卫生状况怎么样。如果用餐地点太脏、太乱，不仅卫生问题让人担心，而且还会破坏我们彼此的食欲。选择用餐地点，还要充分考虑到，顾客来去交通是不是方便，有没有停车场，有没有交通线路通过，是不是要为受邀者预备交通工具等一系列的具体问题。

总之，女孩们，你要明白的是，请客吃饭的目的无非有两点，一是拉近和别人之间的感情，二是为谈公事，但宴请之事无大小，无论我们宴请的规格大小与否，以上几个步骤都是必不可少的，该注意邀请别人时的一些细节问题，这样，才会让整个宴请从头到尾面面俱到，有礼有节，达到宴请的目的！

宴请时点菜的礼仪，女孩不可小视

在中国，办事吃饭是常事，但是这样的饭局往往是不好应付的，毕竟众人出席的饭桌上，有不同的饮食习惯、饮食禁忌、饮食偏爱等，我们点菜，需要顾及桌旁的每个人，只有这样。才能做到让众人皆满意。的确，一个宴请，有时候可以改变了一个人的一生；一桌筵席，甚至可以影响一个人人际关系的成功与失败。

可见，对于社会经验尚浅的女孩们，餐桌上，有诸多的点菜潜规则值得你体会，掌握这些法则，你就可以在餐桌上尽显淑女风范，在事业上取得更大成功。

小洁是某著名外企职员，刚参加工作的第二个月，她就被领导"拖"出去赶饭局。那会儿，恰好两个部门的经理都出差在外，领导出门一见到美丽的小洁，就抓到她，然后说了句"晚上一起去陪客户"。本来也不是什么大事，刚开始，小洁甚至还窃喜有如此殊荣被委以重任，可真的到了饭桌上，领导把菜单转到她面前叫她点菜时，她就慌了神。

小洁现在还在回想："那几乎是我生平第一次点菜，以前跟朋友吃饭从来都是别人点什么我吃什么，现在把这种'生死大权'交到自己手上，还真是手心冒汗。当时我那个心里挣扎呀！看见海鲜，摸不准究竟是点鱼翅鲍鱼才配得上客户档次还是只要随便来点河海鲜鱼就可以充场面，万一点贵了领导会黑脸，但如果掉了价也会显得太寒酸；看见素菜，不知道该点高价的时蔬特色菜还是就要家常口味就行，万一点贵了领导想素菜也点那么贵，当公司的钱不是钱啊，可万一拣了便宜的，客户也会不开心：就这么忽悠我成

何体统……好不容易心惊胆战点完了几个自认为比较安全的菜，心里早已经七上八下不辨方向，也不知是不是过于紧张想转嫁掉情绪喘口气，我把菜单递给了领导，问他要什么酒水。领导顺手接过，我也顺利交接了'皮球'。"

不过，令小洁自己也没想到的是，她点的几个菜都挺合大家的胃口，饭后领导还夸了句"没想到你挺会点菜呀"。第一仗打得如此漂亮，也让她信心百倍。往后每逢应酬饭局让她点菜时，她都会考虑到在座的各个人员，并最后总把酒水饮料的决定权交由领导，一来说明自己不是从头到尾自作主张，二来也让领导对饭局预算有一个终局性的把握。

新职员小洁为什么能成功点菜，满足了领导和客户的"胃"？这是因为她在点菜的时候，从领导和客户双方面考虑了，所点之菜既不是便宜的家常菜，也不是贵重的鲍鱼鱼翅，而是价格适中的"安全菜"。这里，我，我们在点菜时，也应该加以借鉴。

那么，该如何点菜，才能顾及桌旁的每个人呢？对此，点菜时，一定要心中有数。点菜时，可根据以下三个规则：

1. 看人员组成

一般来说，人均一菜是比较通用的规则。如果是男士较多的餐会可适当加量。

2. 看菜看组合

一般来说，一桌菜最好是有荤有素，有冷有热，尽量做到全面。如果桌上男士多，可多点些荤食，如果女士较多，则可多点几道清淡的蔬菜。

3. 看宴请的重要程度

若是普通的商务宴请，平均一道菜在50元到80元左右可以接受。如果这次宴请的对象是比较关键人物，那么则要点上几个够分量的菜，例如龙虾、刀鱼、鲥鱼，再要上规格一点，则是鲍鱼、翅粉等。

另外，在安排菜单时，还必须考虑来宾的饮食禁忌，特别是要对主宾的

饮食禁忌高度重视。这些饮食方面的禁忌主要有四条:

1. 出于健康的原因,对于某些食品,也有所禁忌

比如,心脏病、脑血管、脉硬化、高血压和中风后遗症的人,不适合吃狗肉,肝炎病人忌吃羊肉和甲鱼,胃肠炎、胃溃疡等消化系统疾病的人也不合适吃甲鱼,高血压、高胆固醇患者,要少喝鸡汤等。

2. 不同地区,人们的饮食偏好往往不同

对于这一点,在安排菜单时要兼顾。比如,湖南等省份的人普遍喜欢吃辛辣食物,少吃甜食。英美国家的人通常不吃宠物、稀有动物、动物内脏、动物的头部和脚爪。另外,宴请外宾时,尽量少点生硬需啃食的菜肴,老外在用餐中不太会将咬到嘴中的食物再吐出来,这也需要顾及。

3. 有些职业,出于某种原因,在餐饮方面往往也有各自不同的特殊禁忌

例如,国家公务员在执行公务时不准吃请,在公务宴请时不准大吃大喝,不准超过国家规定的标准用餐,不准喝烈性酒。再如,驾驶员工作期间不得喝酒。要是忽略了这一点,还有可能使对方犯错误。

以上是宴请时应该注意的点菜法则,我们可以以此为参照,尽量在宴请的时候照顾到在场所有人的饮食习惯和禁忌,在餐桌上做个“八面玲珑”的人,宴请是交际应酬中重要部分,成功的宴请也是成功交际的一个部分!

女孩别露怯,西餐礼仪不简单

西餐桌上的餐具很多,吃每一样东西要用特定的餐具,不能替代或混用。但提到西餐,就离不开刀叉。女孩们,学习刀叉的使用是学习西餐礼仪的开始。看似简单的刀叉,使用起来其实并不简单。

实习生园园是个大大咧咧的女孩子。她的这种性格,有时候,为她赢来了很多人的喜爱,但有时候也导致她自己出尽洋相。

有一次,她的老师带她去一位外国教授家吃饭,为了招待客人,对方做了很美味的意大利面。看到这种面条,园园感叹道:“布朗教授,您也会做面条?给我尝尝。”于是,她直接跑到厨房,拿来了一双筷子,看到这一幕,她的老师和这位布朗教授差点儿笑弯了腰。

“你这个笨丫头,幸亏布朗教授不是外人,不然你就糗大了,一个知识分子,居然连意大利面要用叉吃都不知道,回去你真得好好学习一下西餐礼仪了。”老师对园园说道。说完以后,园园的脸刷地一下红了。

案例中,实习生园园正是因为对西餐餐具的使用不熟悉,居然用中国人常用的筷子进食意大利面,进而闹出了笑话。

可见,为了避免这类尴尬问题的出现,女孩们,必须要学习一些西餐礼仪,其中最重要和最基本的就是刀叉的使用。

对此,我们需要了解:

1. 刀

宴席上最正确的拿刀姿势是:手握住刀柄,拇指按着柄侧,食指则压在柄背上。可不要把食指伸到刀背上啊,因为,除了用大力才能切断的菜肴,或刀太钝之外,食指都不能伸到刀背上;另外,不要伸直小指拿刀,尤其是女性以为这种姿势才优雅,其实这是错误的。

刀是用来切割食物的,不要用刀挑起食物往嘴里送。记住:右手拿刀。如果用餐时,有三种不同规格的刀同时出现,一般正确的用法是:带小小锯齿的那一把用来切肉制食品;中等大小的用来将大片的蔬菜切成小片;而那种小巧的,刀尖是圆头的、顶部有些上翘的小刀,则是用来切开小面包,然后用它挑些果酱、奶油涂在面包上面。切割食物时双肘下沉,手肘不要离开桌子,这样会令对方觉得你的吃相十分可怕,而且正在切割的食物没准也会飞出去!

2. 叉

叉子的拿法有背侧朝上及内侧朝上两种，要视情况而定。背侧朝上的拿法和刀子一样，以食指压住柄背，其余四指握柄，食指尖端大致在柄的根部，若太前方，外观不好看，太往后，又不太能使劲，硬的食物就不容易叉进去。叉子内侧朝上时，则如铅笔拿法，以拇指、食指按柄上，其余三指支撑柄下方；拇指和食指要按在柄的中央位置，如果太向前，会显得笨手笨脚。

左手拿叉，叉齿朝下，叉起食物往嘴里送，如果吃面条类软质食品或豌豆叉齿可朝上。动作要轻，捡起适量食物一次性放入口中，不要拖拖拉拉一大块，咬一口再放下，这样很不雅。叉子拣起食物入嘴时，牙齿只碰到食物，不要咬叉，也不要让刀叉在齿上或盘中发出声响。吃体积较大的蔬菜时，可用刀叉来折叠、分切。较软的食物可放在叉子平面上，用刀子整理一下。

3. 勺

在正式场合下，勺有多种，小的是用于咖啡和甜点心的；扁平的用于涂黄油和分食蛋糕；比较大的，用来喝汤或盛碎小食物；最大的是公用于分食汤的，常见于自助餐。切莫搞错。汤匙和点心匙除了喝汤，吃甜品外，绝不能直接舀取其他主食和菜品；不可以将餐匙插入菜肴当中，更不能让其直立于甜品、汤或咖啡等饮料中。进餐时不可将整个餐匙全部放入口中。

一般来说，吃西餐的过程中，经过专业训练的服务员会根据您所点的菜摆上需要的餐具，撤掉不要的餐具。喝汤用汤匙，吃扒时用刀叉，左手持叉，右手持刀(法，英式吃扒切一块吃一块，美式吃扒可一块块切好了再吃)。刀叉的拿法是轻握尾端，食指按在柄上。汤匙则用握笔的方式拿即可。如果感觉不方便，可以换右手拿叉，但更换频繁则显得粗野。边说话边挥舞刀叉也是失礼之举。若有两把以上，应由最外面的一把依次向内取用。吃意粉用叉卷着吃。吃饭用饭匙，吃餐包用牛油刀抹上牛油吃。在吃餐包、三文治、薯条、及带骨的食物(如鸡腿、蒜香骨等)就无需使用餐具，可直接用手持起食用。

学习好以上几点，女孩们，你大致就能掌握刀叉等基本西餐餐具的使用方法了！

豪爽女孩会喝酒也要会祝酒

中国是个饮食大国，餐桌是联系人际感情的重要场所。但无酒不成席，中国人喝酒，喝的不仅是酒，还是一种意境和文化。自古以来，素有“行酒令”之传统，到了现代，人们的祝酒习惯有增无减，这也是酒桌上的一个礼仪。

生活中的女孩们，可能你也遇到过这样的情况，有时为了迎接一个重要的客人，有时为了庆祝一大笔生意的成交，或是为了祝贺某个有纪念意义的日子，或者是其他什么重要的聚餐场合，都需要发挥自己的角色职能，祝酒词的任务很可能责无旁贷地落到了你的身上。要记住，各种场面的祝酒词是不一样的，但不论什么场面，祝酒词的表达都要求你必须诚恳、热情洋溢、满怀激情，起到真正烘托气氛的目的。以下是某公司年会上，一位女经理的讲话：

“亲爱的朋友们，此刻，我们欢聚一堂，都沉浸在欢乐之中，我无法表达我的心情。一年来，诸位为我们的企业做出了重大贡献，企业越办越红火，蒸蒸日上。今天我们共同举杯，就是为了庆祝我们共同努力的成绩，也感谢大家无畏的奉献精神。现在，我提议，诸位，为我们共同的事业和每个人的幸福干杯！”

这段话虽然简短，但却表明了宴请的由头，表达了自己内心的感受，为整个宴请起到了很好的开场作用。

酒桌上,作为女性,如果你会祝酒,往往能获得满堂彩,不失礼节又能让人刮目相看。而祝酒词带有很强的随机性和变化性,因此,祝酒也考验了你在应酬的时候的变通、见机行事的能力。当然,祝酒也并不是毫无章法、毫无规则的,你要根据不同的场合、时间、地点以及当时的喝酒氛围来祝酒。这门学问涉及方方面面:

1. 在餐会上

如果是私人宴会,则可以让男主人或女主人祝酒。

2. 没有祝酒司仪的场合

在某些仪式场合,通常会有一位祝酒司仪,如果没有,你很有可能需要致必要的祝酒词。而在不太正式的场合,可以在葡萄酒和香槟酒上来之后,就提议祝酒。你并不必要把酒杯里的酒喝干,每次喝一小口足矣。

3. 面对突如其来的"邀请"

酒桌上,一些人经常会在毫无准备的情况下,被推举出来提议祝酒。此时最好的解决办法就是说出你的感受。祝酒辞从来用不着太长,可以表达你的敬意和祝愿等。当然,如果你想表现得更有风度,更有口才,你就会想增加一些回忆、赞美,以及相关的故事或笑话。

4. 当你根本不碰包括葡萄酒在内的各种酒精饮料时:

很多女孩滴酒不沾,那么,当酒传递过来时,你当然可以谢绝,在祝酒时举起装着饮料的高脚杯。过去,除非是酒精饮料,否则不祝酒,但是今天各种饮料都可以用来祝酒,因为喝酒毕竟喝的只是氛围。但无论如何,你应该站起来,加入到这项活动之中,至少不应该极端失礼地坐在座位上。

具体的祝酒词,是轻松和谐的,但我们在祝酒的时候,要避免庸俗,否则,会让对方感觉难堪甚至鄙夷,这样,我们原本为了活跃气氛的本意就被倒置了。

然而,祝酒辞应当和与场合相吻合。幽默感极少会显得不合时宜,但是在婚礼上的祝酒辞应该侧重于情感方面,向退休员工表达敬意的祝酒辞则

应当侧重于怀旧，诸如此类。

但大多数酒宴宾客都较多，所以我们应尽量多谈论一些大部分人能够参与的话题，得到多数人的认同。因为每个人的身份地位、知识面以及兴趣爱好都有不同，谈话的内容太偏也许会赢得某个人的好感，但却遭到更多人的排斥，影响喝酒的效果。其次，在喝酒的时候，要瞄准宾主，把握大局、分清主次，不要单纯地为了喝酒而喝酒，而失去交友的好机会。

在酒桌上，你定要学会灵活掌握，熟练运用祝酒词。不然，只会被别人“排山倒海”的祝酒词攻击。当别人劝酒的时候，不可以反客为主，说“怎么能让您敬我酒呢，应该是我向您敬一杯才对”。然后起立举杯，说敬全体一杯，这样他们下来就不好意思挨个对你劝酒了，可以少喝很多杯。上厕所、接电话也是很管用的一招。还有，为了避免醉酒，形势不对时，还可以把手机设个闹铃，过几分钟闹铃响，“谎称”自己接电话。

对于作为女性的你来说，就算会喝也不能喝多，有半斤量要让所有人都相信你只能喝三两多。不会喝酒，但是在大家劝说下，抿一下酒杯。这样既保护了自己，又不失风姿，顾全了对方面子，还会让别人赏识。

总之，作为出入社会的女孩来说，在餐桌上，会祝酒不仅体现了你才思敏捷，还是口才的一个重要体现，更能让在座者在微醉或者微醒中达到喝酒的目的！

享用日韩料理应有的礼节

日常生活中，相信大部分女孩都喜欢韩剧和日本的动漫，你可能也习惯将东方的两个国家——日韩联系在一起，因为这两个国家地域相近，也有着

某些相似的生活习惯等,但实际上,从餐饮角度看,这两国的礼仪是否也很接近呢?关于这点,我们要在了解了两国的餐饮礼仪后方可得知:

1. 日本

在日本,人们参加饭局,一般情况下不喜欢作自我介绍。作为介绍人,通常要说出被介绍人与自己的关系,以及他的称谓和所在单位名称等。因为日本成年人都有名片,首次与他人见面时都要互换名片,否则被认为不愿与对方交往。交换名片时应行鞠躬礼,并说客套话。接到名片应仔细读后再收藏。

到日本人家中做客或约会,必须先预约,而且双方都必须准时。登门拜访应尽量避开早晨、夜晚和吃饭时间,以尽可能少给别人添麻烦为原则。日本人注重等级,如在公开场合送礼,必须每人一份,但礼品应有档次区别,收到礼品不要当面打开。

日本人在饮食方面是自成一体,被世人称之为“和食”或“日本料理”。“和食”的主要特色可归纳为“五味”(指春苦、夏酸、秋滋、冬甜及涩味)、“五色”(指绿春、朱夏、白秋、玄冬及黄色)与“五法”(指蒸、烧、煮、炸、生)。

日本人一般以大米为主食,多用海鲜和蔬菜,讲究清淡与味鲜。日本人不吃肥猪肉内脏等油腻食物,还有的人不吃羊肉和鸭子。典型的“和食”有寿司、刺身、饭团与便当等。

日本男人非常喜欢喝酒,下班后一般都要先去酒馆。他们斟酒讲究满杯,即便喝醉了也不见怪。日本人也普遍喜欢饮茶,并形成一种用于陶冶情趣的民族习俗——茶道,即品茶之道。以专为茶道制作的具有观赏价值的茶具、品位极高的茶叶、主人的进茶方法及客人品茶的行为而被称道,为日本人招待宾客的一种特殊礼仪。

日本人在用餐时,通常使用矮桌,男人盘腿而坐,女子则跪坐。日本人吃饭通常使用筷子,在用筷子时有“忌八筷”之说:一忌舔筷即不准舌头舔筷子;二忌迷筷,即不准拿着筷子在饭菜上晃来晃去;三忌移筷,即不准用筷子

夹了一种菜又去夹另一种菜，而又不吃；四忌扭筷，即不准将筷子头反过去放在嘴里；五忌插筷，即不准将筷子插在饭菜里；六忌掏筷，即不准用筷子在饭菜里扒来拨去挑东西吃；七忌跨筷，即不准将筷子跨放在碗、盘子之上；八忌别筷，即不准用筷子当牙签用。此外，他们还忌讳用一双筷子让大家依次夹取食物。

2. 韩国

韩国人的饮食非常具有民族特色。主食为米饭、冷面，副食主要有泡菜、烤牛肉、烧狗肉、人参鸡等等，还有一些有极具民族风味的冷菜或小菜。尤其泡菜是韩国人最喜爱吃的。对他们来说，泡菜不仅是一种食品，而且是一种情感的寄托。“没有泡菜，吃饭没味”，从大人到小孩，从总统到百姓，泡菜是韩国人每天餐桌上必备之菜。

在一般情况下，韩国人的饮食是以辣、酸为主，比较清淡，他们一般都不吃过腻、过油、过甜的东西，并且不吃鸭子、羊肉和肥猪肉，也绝对不敢吃熊肉和虎肉。

韩国人的饮料较多。韩国的男子通常酒量都很大，对烧酒、清酒、啤酒往往来者不拒。平日经常喝的饮料为茶、咖啡、凉开水。但是，他们通常不喝稀粥，并且不喜欢喝清汤。

在用餐的时候，韩国人通常用筷子。晚辈在与长辈同桌就餐时不许先动筷子，不可用筷子对别人指指点点，在用餐后要将筷子整齐地放在餐桌的桌面上。

韩国人在自己家中设宴招待来宾时，宾主一般都是围坐在一张较矮的方桌周围，盘腿席地而坐。在这种情况下，切勿用手摸脚或悄悄脱下袜子，也不允许将双腿伸直或是双腿叉开。

如果你到韩国朋友家里做客，须事先脱掉鞋子，交谈时，说话要细语轻言，不可大声说笑，女性发笑时要用手遮掩住嘴，不要当着众人的面擤鼻涕，吸烟要向主人打招呼，否则会被视为不礼貌，不懂礼节。吃饭的时候不宜边

吃边谈，高谈阔论。吃东西时，嘴里也不宜响声大作。

韩国人同他人相见或告别时，若对方是有地位、身份的人，往往要多次行礼。有个别的韩国人，在这种时候，甚至会讲一句话，行一次礼。

在某些特定的场合，尤其是在逢年过节的时候，用餐前韩国人往往会穿自己本民族的传统服装。韩国男子一般上身穿袄，下身穿裤腿宽大的长裆裤。在袄的外面，有时要加上一件坎肩。天冷的时候，还习惯披上一件长袍，外出的时候还头上戴一顶斗笠。韩国妇女通常上穿短袄，下着齐胸长裙。

经过这些分析与比较，女孩们，你可以发现，在日韩这两个国家，在餐饮礼仪上确存在某些共通之处，但他们毕竟也有着不同的文化习惯、风俗人情等，也自然存在某些不同之处。

选酒与品酒体现出女孩个人品位

酒文化是一种世界文化，中国人常说："无酒不成席"，在中国餐桌上，酒是餐桌必备。西餐桌上，酒同样能起到渲染餐桌氛围的作用。但中西方的酒文化毕竟有所不同，中国人喝酒，是为了拉近彼此的关系，酒精能让互不相识的两个人称兄道弟；而西餐中，人们喝酒，喝的是一种气氛，通过点酒与品酒都能体现个人品位，这两点，都是女孩们学习西餐礼仪的重要课程之一。

秦媛从保险公司辞职后，来到了一家葡萄酒酒行，初入这个行业，让她对葡萄酒充满了兴趣。她开始学习各种葡萄酒的收藏知识，但毕竟是才接触这个行业，她也只能从头开始。

爱上了葡萄酒的秦媛也爱上了西餐。这天，一位大学姐妹从国外回来找她，她便把对方邀请到了一家档次相当的西餐厅，两个好朋友好久不见，自然得点酒。于是，秦媛便点了一瓶价格相当的红酒。然后她对这位朋友说："这瓶××已经有50年的收藏历史了，今天老同学好不容易来一趟，自然得开瓶好酒。"

"我前段时间也对这种牌子的红酒稍微看了下，我记得它好像是30年吧。"朋友脱口而出。

"怎么可能呢？服务员，你应该知道吧？"秦媛转过来问服务员。

"小姐您好，我们这瓶酒收藏于1980年，有30年的收藏历史了。"听到服务员的回答，秦媛当时真想找个洞钻进去，无奈，她只好对朋友笑了笑说："大概是我记错了。"

案例中，秦媛在西餐桌上点酒的时候，不懂装懂，结果闹出了笑话，在朋友面前丢了面子。

的确，朋友相见，自然不能缺酒，但女孩们，如何点酒，如何品酒，就能体现出你的个人品位，尤其是在注重礼仪和用餐氛围的西餐桌上，点合适的酒、到位地品酒就更不可或缺。

具体来说，西餐中，关于如何点酒和品酒，自然有一套规矩：

1. 点酒的礼仪

点酒时不要硬装内行。在高级餐厅里，会有精于品酒的调酒师拿酒单来。对酒不太了解的人，最好告诉他自己挑选的菜色、预算、喜爱的酒类口味，主调酒师帮忙挑选。

对红酒或白酒的选用并无一定规则，依个人喜好而定。但一般而言，白酒因其酸度高有去腥味的功效，非常适合搭配各种海鲜食物；红酒中所含的单宁有去油腻的功能，搭配肉类相得益彰。但葡萄酒会因产区及品种的不同而口感有所差异，正因如此，在饮用数种葡萄酒时，宜先饮用白酒，再来温和的红酒，如勃根地产区酒类服务通常是由服务员负责将少量酒倒入酒杯

中，让客人鉴别一下品质是否有误。只需把它当成一种形式，喝一小口并回答 Good。接着，侍者会来倒酒，这时，不要动手去拿酒杯，而应把酒杯放在桌上由侍者去倒。

2. 品酒的礼仪

白酒在饮用前宜先冷冻，切记勿加入冰块于酒中，以免破坏酒质结构，白酒于冷藏后饮用果香味会比较明显及爽口，温度以 10 ~ 12℃ 为宜，甜白酒及酒龄浅者尚可把饮用温度降低两度，饮用前先开瓶透气约 15 ~ 30 分钟。

通常我们都会说红酒宜于室温中饮用，但这是指欧洲的室温标准，也就是 15 ~ 18℃ 之间最为理想，温度稍低比稍高好，这样酒香可借由口中较高的温度发挥出来。若温度太高时，不论红酒或白酒都会因酒精味道过重而失其均衡感。饮用红酒，特别是高级红酒，应先把瓶塞打开约一小时，让一些因陈年时所产生的异味（如木塞的气味）蒸发掉，这样才能使应有的酒香与空气混合而引发出来。

香槟和气泡酒宜于 7 ~ 8℃ 间饮用，以避免气泡因温度升高而快速消失及影响其清爽口感。香槟是最好的餐前酒，亦可在佐餐时全程饮用。

当服务员送上我们所点的葡萄酒时，主人（或点酒者）应在开瓶前检视酒名、年份及酒厂是否无误，才示意服务生先开瓶透气，使酒香在饮用时能充分发挥出来。再来检查瓶塞是否湿润，若是干涸可要求更换。接着便安排上酒顺序。

服务生上酒时会先请主人先行品尝，在确定该酒的颜色、香气、味道皆正常后，依顺序倒给女客，再逆转顺序倒给男客，最后才倒给主人。主人在品尝时可顺便告诉服务生每杯酒的分量及那些客人需要或不需要葡萄酒以免浪费。主人在试酒时不能因酒味不合心意而要求换酒，只有在酒变质、变坏（如味道变酸，酒精变强如烈酒等），或未在主人视线范围内开酒等因素才可要求退换。大部分葡萄酒是佐餐酒，在用餐时搭配食物饮用最佳，故在餐

厅中点酒时可依据点选菜式内容,味道浓淡而挑选酒味浓淡之红酒或白酒。但忌用甜度较高之葡萄酒佐餐,因为甜味会影响食欲并破坏食物原味。

正确的握标姿势是用三根手指轻握杯脚。为避免手的温度使酒温增高,应用大拇指、中指和食指握住杯脚,小指放在杯子的底台固定。

喝酒时绝对不能吸着喝,而是倾斜酒杯,像是将酒放在舌头上似的喝。轻轻摇动酒杯让酒与空气接触以增加酒味的醇香,但不要猛烈摇晃杯子。

此外,一饮而尽、边喝边透过酒杯看人、拿着酒杯边说话边喝酒、吃东西时喝酒、口红印在酒杯沿上等,都是失礼的行为。不要用手指擦杯沿上的口红印,用面巾纸擦较好。

餐桌上如何为他人布菜

中国这个礼仪大邦,素来以热情好客著称,但凡事讲求一个“度”,有时候在你看来的一个热情的动作,却很可能招来别人的不悦,比如,夹菜。在中国,很多人认为,作为客人,可能出于礼节,不愿主动夹菜,于是,他们便充当了别人的筷子,为客人夹菜,但实际上,他们的这一做法是有失礼节的表现。

琼斯是个在中国北京的留学生,和大部分留学生一样,她在中国也有一些朋友,她的这些朋友,大部分都是地道的北京人。

这天,琼斯受到王欣全家人的邀请去她家吃中国菜。王欣告诉琼斯:“我外婆是四川人,今天她老人家亲自为你做川菜,你有口福了。”

王欣刚到家,老太太一桌川菜就做好了,其中,最显眼的就是圆桌中间的五花肉火锅,这道菜简直让琼斯馋得流口水。于是,琼斯刚坐下,老太太

就走来，夹了很大一块肉放到琼斯碗里，对琼斯说："你这孩子，大老远来中国，真怪辛苦的，今天婆婆好好犒劳你。"这时，王欣对外婆使了个颜色，可是老太太眼神不好，哪里知道王欣的个中含义，还只管为琼斯夹菜，琼斯从小生长在美国，很不习惯中国人的这种宴请方式，但又不好拒绝，只好把自己的想法告诉王欣，聪明的王欣说在饭桌上："外婆，琼斯不是很喜欢吃着肉里的葱，你能帮我倒杯水吗？"趁这个空当，王伟就为琼斯换了个碗。

饭吃到最后，琼斯要离开时，她对王欣说："哦，上帝啊，这顿饭吃得可真是辛苦，不过还是谢谢你的外婆，她太好客了。"

琼斯走后，王欣把饭桌上的事告诉了外婆，老太太笑着说："我这个老太婆，尽顾着让这孩子吃饭，都忘了礼节了。"

案例中，琼斯在中国朋友王欣家吃的这顿饭，再次告诉所有正在学习餐饮礼仪的女孩一个道理：用餐过程中为表示友好、热情，彼此之间可以让菜，劝对方品尝，但不要为他人布菜。尤其对外国客人不要反复劝菜，因为国外没有劝菜的习惯，应由其本人决定吃不吃。

关于这点，你需要注意：

1. 尽量不要为他人夹菜

在用餐时，爱吃什么与想吃多少，讲究的是大家自己照顾自己。主人只要在口头上对来宾相劝即可，千万不要热情过了头、越俎代庖，动不动就下手替别人布菜。你不知道他爱不爱吃，你又不是他肚子里的虫子，你夹了他就得吃，这有强迫服务之嫌。那样做不仅会让人勉为其难，而且还会造成餐具使用上的不卫生。

2. 必要时可使用公筷

为客人布菜本是一种传统礼仪，但是一定要注意方式方法，不要用自己的筷子给客人夹菜，而应使用公筷。

公筷，顾名思义，就是公用筷子，即大家用来夹菜的筷子，放在盘上，大家拿来用，不过不能放到口里，是为卫生问题设计的。私筷是大家各自的筷

子。公筷，是专用于夹菜的筷子。不用于吃饭。为了方便夹菜，有时，每人配一双。

很多人误以为使用公筷，是防止别人把病传染给自己，其实这是一种误区。使用公筷，最大的作用，是防止可能的疾病从自己身上传染出去。比如一家三口中，有人有乙肝，那么，并非每人都要用，才能切断传染，而是只要乙肝患者使用，即可切断传染。所以，使用公筷，并不是防范他人的表现，而是保护他人的表现。而最重要的是，现代饭局上，使用公筷，更是一种知礼节的表现。

另外，主人可为身边的客人布菜。布菜应使用公勺或公筷。布菜时要照顾到客人的饮食偏好，如果客人不喜欢或者已经吃饱，不再为客人夹送。

可以说，中国人的热情好客经常在餐桌上得到最充分的体现，推杯换盏之间，东道主为尽地主之谊，劝酒、布菜是必不可少的，好像不布菜就不足以说明热情的程度，但无论是从卫生问题还是礼节角度考虑，你都要注意：有时候对方可能不喜欢你这样的“热情”，以免造成不必要的尴尬！

男女共餐，到底该谁结账

男人应该埋单，这个说法，无疑是最被人们认可和接受的，尤其是在女人的潜意识里，相信大部分的年轻女孩也这么认为。于是，就出现了这么一种局面：在埋单问题上，男人占有绝对的主动权。但实际上，这是20世纪40年代到60年代初的事情。从20世纪60年代末到70年代初开始，情况发生了变化。随着女性社会地位的提高，在美国AA制还有另一种表现形式，那就是在聚会时每个人都带一个菜。而我们中国人在请客吃饭时，一般召集

人负责买单。因此,男女共同进餐,并不一定非由男人结账。

大多数人第一次见面时,男方都会主动提出为约会埋单。而晓蕾就在最近一次相亲时,遇到了这样一个“对手”。小蕾这要叙述这件事:“我们约在了一个公交车站见面。差不多晚饭时间。”一开始,他们的见面地点就和一般的约会不大一样。“而后,他就开始带着我走路,也不说我们要去哪里,只是走。”晓蕾就这样和对方漫无目的地一直走到了天黑,从车站走到景区,从景区走到商场。“当时我有点渴也有点饿,不过对方似乎没有要坐下来休息的意思。”就在晓蕾想提出去吃点儿什么时,对方答应了,但吃完饭以后,对方一点儿也没有要付账的意思,这时候,小蕾只好主动站出来付了账,但随后就和对方说了拜拜,之后当然是没有了下文。

和小蕾不同的是,刘玫遇到的是完全不同的情况:

刘玫大学一毕业,就做起外贸生意。工作上应酬多,而且总是在请人吃饭,渐渐就养成了吃饭主动埋单的习惯。一天,朋友给她介绍一个“成功人士”,那个男人开着大奔来约她吃饭。他们一道吃了烛光晚餐,还喝了红酒。这或许是很多女孩的梦想。但是他的那种财大气粗的压迫感却让刘玫十分难受。

“这样的约会方式,让我仿佛有一种卖身求荣的感觉。我犯得着吗?自己在生意场上打拼了这么多年,别说烛光晚餐,什么大餐的单我没埋过?什么‘让男人为你埋单’,纯属那些柔弱女人的自欺欺人。”结果,刘玫签完账单,扬长而去。

同样是男女约会,同样是吃饭,小蕾和刘玫遇到的是两种完全不同的情况,小蕾希望约会的男性能大方一点,请客吃饭,但可能这位男士并不这样认为。可能在他看来,成家和立业是相辅相成的,挣钱养家、保持生活水准是男人的本分,找到一份让他确认的爱情,他才会“下本”,而如果要再谈几次恋爱的话,他会觉得恋爱的成本太高了,划不来!

而完全相反,与刘玫吃饭的这位男性则代表了大多数的男性的心态,一

般来说，他们不愿让女人主动埋单的，那些未婚男子把自己埋单看作是向自己喜欢的女人大献殷勤的最佳时机。但显而易见，刘玫并不吃这一套。

从上面这个案例中，就到底是否非要男人结账这一问题，我们发现，答案是否定的，尤其是在女性意识日渐提高的今天，女人可以和男人一样叱咤职场，一样买房、买车，甚至比男人赚得更多。当然，这要视具体的吃饭环境而定，一般来说，可以分为以下几种情况：

1. 一般一对男女朋友，共同进餐

结账应由男友来完成，不但如此，连召唤侍者过来都要由男士来做，作为女性，你无论想要侍者做什么都不要召唤侍者，要告诉男友，请他来完成。

2. 非男女朋友，一起进餐

即使你们这次是由女士请客，或男男女女大家平均分摊消费额，女士亦应将钱交给男士，由男士招请服务人员结账。这一习惯乃是餐饮的基本规则，千万不要逾越，否则你们的关系和在座女士所从事的职业，会让人有不健康的联想。

3. 商务宴请，应由主办方结账

当男女以做生意为目的同桌吃饭，就要看饭局的主办人是谁了，如果主办人是男性，那么，结账这一工作自然由男性来完成；但如果做东之人为女性，那么，她可以由自己的下属帮助自己去结账，因为这种饭局，本身就是以联络感情和做生意为主。

总之，现代社会，男女共同进餐，并非一定要由男人结账，但一般情况下，从礼仪的角度看，最好由男性与结账人员交涉！

饭桌上剔牙，可以吗

自古以来，人们都很讲究吃，同时也很讲究吃相。现代社会，随着人们饭桌应酬的增多，人们的餐桌礼仪越来越被重视，重要场合的吃相更为讲究。这一点也被很多学习礼仪的女孩认识，但实际上，我们发现在饭桌上，还是有些女孩因为细节上的不注意而经常会出现这样那样的礼仪问题，就比如，你可能会认为在饭桌上剔牙无伤大雅，但实际上，这是一种极为不礼貌的表现。对此，你可能又会产生疑问：吃饭时残留的牙上“异物”怎么办呢？对此，我们先来看下面一个案例：

张老汉今年快六十了，他有个三十几岁的大龄女儿小芳一直没嫁。他一直托人为女儿介绍对象。终于，事情有眉目了，对方是个和女儿一般大的大龄青年。于是，双方很快约了见面的日子，张老汉为了给女儿把关，也就凑起了热闹，男方的父亲也参加了这次见面会。

约会地点定在某西餐厅，双方见面后，对彼此的外表、长相都很满意。见面日程也就逐渐提到了吃饭上，男方点了这家西餐厅最好的牛排。见过世面的小芳自然知道这西餐该怎么吃，她在餐桌上的一言一行都让对方感到大方贤惠。但偏巧，问题出在了张老汉身上，张老汉牙口不好，吃了一块肉，就塞牙了，这可怎么办好？这张老汉的牙齿被卡的难受，就拿起了餐桌上的牙签，剔了剔后，居然一吐，吐到了男方父亲的脸上，让对方一阵作呕。然后，对方拿起餐巾纸，擦干净后，甩袖而去，并对儿子说：“走，没见过这么没素质的人，咱不相亲了。”

事后，张老汉悔不当初，对女儿说：“都是爸爸对不起你，不过你说，牙缝

上塞了东西，总不能难受着吧。”

“我知道，爸爸，我没有怪您的意思，可是说实话，这牙齿上有异物，我们有别的办法，您这样，实在太不雅了。”

“怎么弄?”

“……”

案例中的张老汉因为吃西餐时不小心将剔牙并将异物吐到了对方的脸上而搞砸了女儿的相亲活动，实在有失礼节，但正如张老汉自己所言：“牙缝上塞了东西，总不能难受着吧。”那么，可能不少女孩会问，在饭桌上，如果我们也遇到这种情况，该如何面对呢？具体说来，我们可以：

1. 吃肉类时要多加小心

比如，在吃西餐中的牛排时，用刀、叉把肉切成一小块，大小刚好是一口。吃一块，切一块。

吃牛肉(牛排)的场合，由于可以按自己爱好决定生熟的程度，预定时，服务员或主人会问你生熟的程度。

吃有骨头的肉，比如吃鸡的时候，不要直接“动手”，要用叉子把整片肉固定(可以把叉子朝上，用叉子背部压住肉)，再用刀沿骨头插入，把肉切开，边切边吃。如果是骨头很小时，可以用叉子把它放进嘴里，在嘴里把肉和骨头分开后，再用餐巾盖住嘴，把它吐到叉子上然后放到碟子里。不过需要直接“动手”的肉，洗手水往往会和肉同时端上来。一定要时常用餐巾擦手和嘴。

吃鱼时不要把鱼翻身，吃完上层后用刀叉剔掉鱼骨后再吃下层。

2. 不要随便使用餐桌上的牙签

在餐桌上虽然备有牙签，但却不一定非要使用不可。即使要用，也不宜当众“公演”整个过程。咧开嘴在其中捅来捅去，甚至以筷子或手指替代牙签放入嘴里连抠带扒，都是令人作呕的做法。万一需要剔牙时，应以一只手或餐巾挡在嘴前作为屏障遮挡。对剔出来的东西应当悄悄进行处理，切不

可当众“观赏”，甚至再次入口，或是随手一弹。牙签用毕即应立即取出，不要对其“恋恋不舍”，长时间将它噙在嘴里。

3. 塞牙或异物入口时

如果你的牙缝里塞了蔬菜叶子或沙拉式的东西，不要在餐桌上用牙签剔，可以喝口水试试看；如果不行，就去洗手间，这样你就可以用力地漱口，也可以用牙签。

如果遇到不好吃的食物或异物入口时，必须注意不要引起一起吃饭的人的不快，但也不必勉强把不好的东西吃下去。可以用餐巾盖住嘴，赶紧吐到餐巾上，让服务员换块新的餐巾。如果食物中有石子等异物时，可用拇指和食指取出来，放在盘子的一旁。

即使有只虫子从你的沙拉里神气活现地爬出来（这是锻炼你的勇气和风度的最佳时刻），也要心平气和地要求换掉，只要和主人或服务员使个眼色就行，不要大吵大闹、鬼哭神嚎，让所有人都知道以至于都不敢吃了。

注意到以上三点，就能帮助你轻松应对餐桌上出现的这种“牙上有异物”的意外状况了！

女孩要明白饭后如何给小费

在饭店，酒足饭饱，该离开了，也就是人们最痛苦的时刻：给小费。可能现实生活中的女孩们，也会遇到给小费的问题。而通常，面对小费，人们有两种态度，第一种态度是：我吃饭付钱，凭什么要给小费？当然，不给小费并不会出现什么大是大非的问题，在中国的绝大多数小餐厅内，不给消费也是理所当然的事，但如果在档次与级别高的餐厅，不给消费就是失礼的行为，

会被其他宾客认为是小气的表现；当然，也很可能有些人会说，一点消费算什么？一掷千金后再加几十块算什么？但实际上，给多了小费也是有摆谱、显富的嫌疑。可见，给小费是有讲究的，该怎么给，给多少都是我们需要考虑的问题。

陈小姐在出国前，就主动学习了美国的一些礼仪文化知识。到美国留学之前，其中有一项就是“如何付小费”。但是，当她真正站在美国国土的时候，才发现“付小费”在美国是一门高深的“学问”，她亲眼目睹她他周围的一些朋友关于付小费的事：

她的一个美国朋友，自称给小费很慷慨，每顿饭小费至少20%。但是他和太太去比较廉价的餐馆吃饭，到给小费时就会发生争吵。他的太太认为不能因为饭菜价格便宜，就只给一两块钱的小费，她主张的小费经常达到饭菜价格的一半以上。而这位先生则只给稍高于平常的小费，比如25%或者30%。他的理论是：在高级餐厅吃饭，人通常坐的时间久些，服务员在相同时间内只能伺候几桌客人，而且对一个客人提供比较多服务，所以应该给较多小费。而便宜饭馆饭菜简单，客人稍坐一坐就走。服务员在同样时间内可以接待很多桌客人，而且提供服务较少。虽然每桌客人给的小费少些，但多拿几桌，结果是同样的。

她的一个女性朋友说，她和以前的先生，几乎每次外出吃饭都要因为给小费而争执。那个离婚了的丈夫，不管在那里吃饭，吃什么，小费永远是15%甚至更少。而她总觉得，给20%更合适。到最后，她总是从自己口袋里掏几张钞票，补在桌面上。

还有一个朋友说，他有一次跟几个熟人吃饭，他得早些离开，后来听说那几个人根本没给小费就跑了。于是这个朋友第二天又赶紧到那家餐馆，向服务员道歉，并且加倍给小费。他因此觉得那几个曾一起吃饭的人不怎么样，不值得交友，跟他们在一起，似乎自己都觉得掉价，以后也再不约他们吃饭了。

陈小姐说:“美国人习惯于用金钱数目来判断人的价值,挣薪水的意义除了改善个人生活外,也为了向社会表明自己的价值。但这条道理是双向的,在赚钱的时候要遵从这个道理,在花钱时同样要遵从这个道理。你对别人是否公平,给不给小费,给多少小费,同样在向社会表明你自己的价值。”

其实,陈小姐的话是有道理的,无论是国外还是中国,在饭局上,我们的一举一动都会被在场的其他人看在眼里,我们给不给小费,给多少小费,都会对他人产生一些心理作用,对我们作出一些评价。

你可能会问,那给小费,要给多少才合理呢?给多了你会觉得亏,给少了怕影响不好。那么,如何渡过这个“难关”呢?

基本上,在餐馆付小费的概率很大,但并不是所有的餐厅都需要付小费。一般来说,午餐需要付10%的小费,晚餐小费是15%,再加上税金8%,你大致可以算出自己要付的金额。

小费是对服务品质的间接评价,对于服务员来说,薪水低,小费就像他们的提成一样,所以很多服务员都会很卖力地服务,想要博取客人的欢心,最后收到高额的小费。我们是学生,基本上也没什么钱,所以你可以暂时忽视一下他们的“卖力服务”,给出合理的小费就可以了,没有人会嫌你付得少的。另外,如果你对餐馆的服务很不满意的话,还可以拒绝付小费。

另外,吃饭的时候,只会有一个服务员服务你,其他的服务员只会专门服务自己的客人,所以你只要把小费付给服务自己的服务员即可。千万不要认错哦,那可是会闹出笑话的呢。

虽然说,付小费是随意的,但是以上这些规则还是需要知道的,以避免出现误会。一般来说,只要是接受了服务,就应该付小费,尤其是在饭店这类地方,基本上是需要付小费的。因为关于小费,给不给,给多少小费,表现出你是什么样的人。因此,对于给小费,女孩们,你应该本着尊重别人,也讲公平,不摆阔、也不抠门的原则!

参考文献

[1]金韵蓉. 幸福女人的芳香生活[M]. 北京:中信出版社,2005.

[2]王昕. 魅力女人必知的66个礼仪常识[M]. 北京:中国纺织出版社,2008.